DOCUMENTS INÉDITS

POUR SERVIR

A L'HISTOIRE DE LA VILLE DE DAX

PAR

Philippe TAMIZEY DE LARROQUE

Correspondant de l'Institut

PARIS

IMPRIMERIE LOUIS HUGONIS

6, RUE MARTEL, 6

1883.

*A Monsieur L. Delisle
Souvenir affectueux
Ph. Tamizey de Larroque*

DOCUMENTS INÉDITS

POUR SERVIR

A L'HISTOIRE DE LA VILLE DE DAX

Extrait de la REVUE DES BASSES-PYRÉNÉES

ET DES LANDES

~~~~~~

Tiré à part à 100 exemplaires numérotés

N° _____

DOCUMENTS INÉDITS

POUR SERVIR

A L'HISTOIRE DE LA VILLE DE DAX

PAR

Philippe TAMIZEY DE LARROQUE

Correspondant de l'Institut

PARIS
IMPRIMERIE LOUIS HUGONIS
6, rue Martel, 6

Peu de livres, parmi ceux que l'on doit demander à l'érudition provinciale, seraient plus intéressants qu'une monographie consacrée par un habile homme à cette ville de Dax, qui est si antique, et qui a tenu un rang si considérable dans la Gascogne pendant le Moyen-Age et aussi pendant le XVIe siècle (1). On a pu espérer quelque temps qu'il s'était trouvé un travailleur d'assez de zèle et d'assez de savoir pour approfondir ce sujet si riche et si neuf (2). M. A. Dompnier de Sauviac avait commencé la publication d'un ouvrage intitulé : *Chroniques de la cité et du diocèse*

---

(1) En ce qui concerne l'époque de la domination anglaise, il suffit de parcourir les manuscrits apportés de Londres par Bréquigny et conservés à la Bibliothèque nationale dans la collection Moreau, pour connaître l'importance du rôle joué par la ville de Dax.

(2) Tellement neuf que le sujet avait à peine été effleuré dans un seul livre ou plutôt dans un seul opuscule : *Chronique de la ville et diocèse d'Acqs*, par COMPAIGNE (Orthez, J. Rouyer, 1657, in-4°). L'opuscule, devenu rarissime, de Compaigne, a été refondu et complété par M. J. Thore, médecin en chef de l'hôpital militaire de Dax sous le premier Empire. Le manuscrit, laissé par l'auteur de la *Promenade sur les côtes du golfe de Gascogne*, a été publié sous le titre d'*Annales dacquoises*, dans le *Bulletin* de la Société de Borda (1878 et années suivantes).

d'Acqs (1). Deux fascicules seulement de cet ouvrage ont paru : l'un (livre X), où l'on retrouve l'histoire de Dax pendant la Révolution (2); l'autre (livres I, II et III), où l'histoire de cette ville est retracée depuis l'époque romaine jusqu'aux premières années du XIVe siècle (3). La mort prématurée de l'auteur a suspendu la publication du reste de ses consciencieuses recherches.

En attendant que l'ouvrage, si déplorablement interrompu, soit continué et achevé, je réunis ici quelques pièces qui sont venues, en quelque sorte, s'offrir à moi pendant que j'en cherchais d'autres. Ce sont des lettres relatives à l'histoire de Dax, écrites par divers personnages depuis l'année 1470 jusqu'à l'année 1751. Je me suis contenté d'en analyser plusieurs, qui, reproduites intégralement, auraient, sans grand profit pour personne, grossi mon humble travail. Puissent ces courtes pages aider quelques lecteurs impatients à attendre la publication des six livres qui restent à paraître des *Chroniques de la cité et du diocèse d'Acqs.*

---

(1) Dax. Campion, in-f°.
(2) 1869, 212 pages.
(3) 1873, 205 pages : I, *Aquæ Augustæ*; II, *Comtes, vicomtes et abbés*; III, *Les Anglais.*

I

*Les Maire et Jurats de Dax, à M. Du Plessis Bourré,
trésorier de France.*

(Bibliothèque Nationale. — Fonds français, vol. 20431, f° 20).

Monsieur, Tant humblement que fére pouvons, à vostre bonne grace nous recommandons. Naguières vous avons escript par maistre Jehan de Philip, procureur du Roy aux Lannes, et par ung des bourgeoix deste ville, les grans interestz et dommaiges qui seroient et pourroient estre, tant au Roy, nostre souverain seigneur, que à sa dicte ville et cité Dax, au moyen de certain arrest provisionel donné par la court de Parlement de Bordeaulx en faveur du Sr de Poylault, (1) par lequel il a esté dit qu'il joyra de la haulte justice que autreffoiz lui avoit esté donnée par le feu Roy Loys, qui Dieu absoille, de certaines paroisses qui confrontent les fossez de la dicte ville et cité Dacqs, qui est ung grand interest du Roy et de son dommaine, de la somme de IIII^c livres tournois ou environ et aussi la toutelle destruction de la dicte ville et cité et habitans en icelle. Car sil y avoit mouvement de guerre par deça, il n'y auroit aucun homme de la dite cité qui a grand peine osast sortir dehors. Et que plus est, Monsieur, les habitans des dictes paroisses, ainsi érigées en baronnie, estoien" meuvans de la cité et prevosté Dacqs, ressortissans à la justice du dit prevost, lesquelz sont gens simples et que jamais nont acoustume davoir aucun exercice de justice. Donc ainsi que dict est, puis naguieres vous avons du tout adverty par le dict procureur du Roy, lequel vous a baillé les lectres qui vous avons

---

(1) Très-ancienne famille du pays des Lannes. — Arnaud Guillaume de Pouyloaut fait opposition, en 1286, aux droits de haute et basse justice concédés par le roi d'Angleterre au seigneur de Caupenne. (*Bréquigny*, tome V.) — Le même, reçoit en 1305, d'Édouard Ier, les château et prévôté de Dax. (*Ibid.* tome VIII.) — En 1326, Arnaud de Pouyloaut succède, à Garcias Arnaud de Caupenne comme évêque de Dax. (*Gall. Christ.* — *Compaigne.*) — En 1329, Édouard III, fait donation de 300 livres bourdelaises de rente annuelle à un autre Arnaud de Poylaud (*Bréquigny*, tome XV). — Deux ans après, ce même seigneur obtient permission de faire construire un fort dans sa terre, appelée La Lanne (*Ibid.* tome XVI.)

envoyées, ensemble certaines requestes touchant la présent matiere, affin de y donner ordre et provision et faire en manière que lonneur et auctorité du Roy ny de son dommaine ne soit diminuée, et que la dicte ne soit ainsi opprimée et foullée, car nous vous certifions que les dictes paroisses sont à jamais tenues faire le guect dedans le chasteau Dacqs qui portent plus de vi^e ou viiie feuz. Et ampresent les dictz habitans, soubz umbre du dict arrest, reffusent venir au dict guect au dict chasteau Dacqs, ains se portent pour appelans. Et combien que aucuns aient escript que ce nest l'interest de toute la dicte cité, ains est daucuns particuliers; nous vous certifions que quelque chose que lont vous ait rescript cest lintrest du Roy et de la dicte cité, et diminution de la dicte prevosté Dax, cest de la moytie ou plus. Lequel procureur nous a fait pour responce qu'il avoit laissé entre les mains de monsieur le tailleur (?) les requestes et memoires faictes par M. Maistre Helies Chaubet, advocat du Roy, pour besoigner touchant la dicte matière.

Monsieur, nous vous prions de tres bon cueur que soit vostre bon plaisir de vouloir besoigner en la dicte matière et faire en manniere que le dict arrest provisionel ne tire à lavant, car autrement seroit le grand interest et dommaige du Roy et perdition de la dicte ville et cité Dacqs, et que la dicte requeste soit despechée par Messieurs du grand conseil ce que sera, mais que leues, signée en queue ainsi que nous a rapporté le dict procureur. Car par le double qui en avons veu par de ça, elle est bien raisonnable. Et en ce faisant ferez le bien et auctorité du dict seigneur et la conservation de sa dicte ville et cité Dax, et des habitans dicelle qui jamais en ceste matiere nont estez oyz. Monsieur, s'il y a riens en quoy nous nous puissions employer pour vous, vous plaise le nous commander, car le ferons de très bon cueur, à l'aide de Dieu; que nostre très honoré seigneur vous doinc ce que vous désirez.

Escript à Dax, le penultième jour de janvier (1470).

Vos très humbles serviteurs, les maire et jurez de la ville et cité d'Acqs.

II

Lettre des Officiers de la ville de Dax au roi Henri II.

(Bibliothèque Nationale. — Collection GAGNIÈRES, vol. 644, f° 20.) (1)

Sire, nous soubz la fiance de vostre naturelle bonté et du zèle que vous avez à la conservation de vostre grandeur et des droictz de vostre coronne qui en sont les colonnes, avons dès le mois de janvier dernier envoyé homme exprès devers V. M. pour vous déclarer la perte que vostre dicte Majesté faict au pays et vicomté de Turssan, Marssan et Gavardan, tant de la taille ordinaire, du service, de l'arrière-ban que la noblesse du dict pays vous doibt, de la commodité d'imposer sur eulx, quant la nécessité vous y contrainct, que des droiz de vostre souveraineté et cas royaulx nuement deuz à vostre coronne, qu'est le principal but auquel noz affections tendent, lesquelles choses sont advenues à raison de ce que combien que le dict pays ayt esté anciennement et soit de vostre sénéchaucée des Lanes et du ressort de vostre ville d'Acqs, les habitanz du dict pays, pour se descharger d'aultant, gratiffier leur sieur viconte, et priver V. M. de ce qu'ils luy debvoient, se sont deça quelque temps distraictz de vostre dicte séneschaucée des Lanes et siège d'Acqs et relevé leurs appellations davant le séneschal d'Agennoyz, en la ville d'Agen ou de Condom à leur option, les officiers desquelles villes pour le proffict particulier qu'ilz ressentoient de ceste nouvelle distraction se sont si peu souciez du reste des authorités vostres au dict pays, que vostre souveraineté, sire, n'y est poinct cogneue (que quant ausdictes

---

(1) La première des pièces que renferme le volume est (f° 1), une charte en langue provençale, de l'année 1483, par laquelle le roi permet aux habitants de Dax de lever, à leur profit, six deniers pour livre sur les entrées des marchandises vendues en la dite ville. Je recommande au futur historien de la ville de Dax un curieux document de la collection Doat (tome 182) : Accord entre Arnaud Garsie, évêque d'Acqs, et le sénéchal de Guienne et Amanieu d'Albret, seigneur de Marenne, touchant leur différend pour la justice sur les lépreux dans le diocèse d'Acqs, décembre 1320. — Pour les documents antérieurs, consulter la *Notice d'un manuscrit de la Bibliothèque de Wolfenbuttel*, par MM. MARTIAL et JULES DELPIT, 1841, p. 105-114

appellations seulement), car le vicontc ou ses officiers cognoissent de tous cas royaulx, baillent lettres de remission et pardon, rappel de ban et qui pis est contraignent vos subiectz du dict pays de Turssan, Marssan et Gavardan d'aller aux Estatz en Béarn (terre pour le présent non obéyssant à V. M.), et là leur faire prendre part des dons et octroyz qui sont accordez à leur dict sieur viconte chascun an par le dict pays de Béarn. Cela tend, sire, à (avec le temps et peu à peu) usurper ce qui vous appartient comme V. M. a esté advertye cy davant. Or depuys (encores qu'en vostre edict faict sur l'érection des chambres présidiales de vostre royaulme fust ordonné que tous sièges et ressortz ecclipsez ressortiroient et seroient remys et réunys à leurs dictes sénéchaucées), ceulx d'Agen et de Condom (qui en ont uzé au désadvantaige de vostre service ainsi que dict est) sont entrez en procès sur le droict de la civilité seulement auquel a esté tant procédé que par arrest de votre conseil a esté dict que les habitanz de la sénéchaucée d'Agennoiz qui sont deça la Garonne ressortiroient en la ville de Condom, quoy voyans mesmes que ceulx d'Agen et de Condom ne tachoient qu'à leur proffict particulier, et que le dict pays de Turssan, Marssan et Gavardan n'estoit aucunement de la sénéchaucée d'Agen, et moins de Condom ny d'ailleurs, que de vostre sénéchaucée des Lannes en vostre ville d'Acqs, et qu'ilz se débatoient de la chape de l'evesque (1) nous avons faict qu'il vous a pleu entendre de nostre depputé les choses sus dictes, et fere veoir en vostre conseil pour ses instructionz et pour la commodité de vostre service, retrencher le moyen de telles usurpations et mectre sur les droictz de vostre coronne incogneus au dict pays, ordonner que les dicts pays de Turssan, Marssan et Gavardan seroient reunyz à voztre dicte sennechaucée des Lannes et siège de vostre ville d'Acqs, ainsi que nostre dict depputé nous a escript, et toutefois, Monseigneur, le garde de vos sceaulx a différé de sceller ses lettres pattentes par V. M. decernées sur la dicte reunyon et déclaration et le faict encores tellement qu'à raison

---

(1) C'est-à-dire pour ce qui n'était point à eux. On disait aussi : *Se disputer de la chape à l'évêque*. Blaise de Monluc a employé cette expression (page 372 tome II des *Commentaires*, édition de M. de Ruble).

de ce nostre dict depputé demoure à la suyte de vostre court troys moys, y a grandz fraiz et mises, chose qui a faict avec les raisons sus dictes que nous avons prinse hardiesse de vous supplier très humblement en la présente qu'il plaise à V. M., sire, regarder que le zèle et dévotion qui nous mènent en cest afaire sont ceulx que nous avons tousjours euz à vostre service, et qu'il vous plaise pour la commodité de icellui ordonner et fere commander au dict sieur garde des sceaulx que nostre depputé soit despeché selon vostre bonne volunté, et ce que verrez estre advantaigeux pour la conservation des droiz et authorités deus à vostre dicte coronne et non à autre, et nous employerons toutes nos forces à vous y fere très humble service, sans nous y aucunement espargner comme le debvoir nous le commande.

Sire, nous supplions le créateur vous donner en parfaite santé très longue, très heureuse et très prospère vie.

Escript à d'Acqs le xxe d'avril 1556.

Vos très humbles, très obéyssans, très affectionnés subjectz, serviteurs et officiers en vostre ville à d'Acqs. (1).

III

Extrait d'une lettre du doyen de Puydeval à l'évêque de Dax, ambassadeur en Angleterre du 22 février 1556, lettre dont l'original est conservé dans le trésor de Noailles.

(Collection GAIGNIÈRES, vol. 644, ou Fonds français, vol. 15872, f° 26.)

Monsieur, la maison épiscopalle où je suis à présent logé est composée de deux corps de logis servis par un degré fait entre les deux par le dehors en tonnelle carrée, où il y a en l'un une salle basse assez belle, au dessous une cave, au bout de la dite

---

(1) Suit, f° 22, une lettre adressée, le même jour, par les mêmes officiers, à Mgr. le duc de Montmorency, pair et connestable de France, lettre qui n'est que la reproduction abrégée de celle que l'on vient de lire. — A la page 24, je trouve cet extrait d'une lettre de Jehan de Daillon, comte de Lude, au roi, écrite de Bayonne, le 16 juillet 1556 : « Sire, j'ay envoyé à vos officiers de « Dacqs les lettres qu'il vous a pleu leur envoyer pour procéder au fait des « sorciers et sorcières, lesquels, comme je pense, ne fauldront à faire justice « et en est bien besoing, car je ne vis jamais si grande pitié de ce que l'on en « dict et du grand nombre qu'il y en a ».

salle une chambre; de l'autre cousté, une belle cuisine; montant plus hault, au second estage, et au dessus la dite salle, y a deux belles chambres avec les garde robes; de l'autre cousté, et au dessus la cuisine, y a une jolie salle qui me sert de salle et chambre; au plus hault, beaux greniers; et est située la dite maison au plus beau lieu de la ville. Quant à la maison que feu M^r d'Acqs, vostre prédécesseur (1), avoit commencée, le dessein en est assez beau. C'est un grand corps de maison joignant à l'autre conduit à la couverture, mais au dedans tout imparfait et monstrant une salle basse de belle grandeur et cuisine, de l'autre cousté; au dessus, une autre chambre et salle servies par un degré à repos assez beau s'il estoit parachevé. Ainsin qu'on a entreprise la monstre, il faudroit y employer environ de mil escus avant le rendre logeable, et voylà, Monsieur, quant à vos maisons de la ville; mais pour le regard de Sainct Pandelon, je vous puis

---

(1) Gaston de La Marthonie, conseiller au Parlement de Bordeaux, et évêque de Dax de 1519 à 1555. — Même volume, f° 25. Extrait d'une lettre écrite à François de Noailles par M. de Lestang, de Bordeaux, le 6 octobre 1556 : « Monseigneur de Noailles (il s'agit là d'Antoine, le frère aîné de François), « qui a esté à la cour du roy de Navarre, m'a dit que le dit seigneur roy, « adverty que vous avez esté pourveu du dit evesché, a commandé vous bailler « main-levée (au sujet des revenus de Béarn qui avaient été saisis)... Aussy « veult vostre chapitre vous prier qu'il vous playse leur estre aydant à recou- « vrer 8000 livres que le roy leur a assigné sur la constablerie de Bourdeaux « pour réédiffier les maisons canoniales lesquelles le roy fit abattre pour forti- « fier la ville, ensemble la maison épiscopalle pour laquelle édifier vostre « prédécesseur a receu 4000 livres. Vostre evesché est de la valeur de 4000 « livres. Il y a 500 collations petites ou grandes..... »

Ibid. f° 27. — Billet écrit, le 21 juillet 1557, par Fr. de Noailles au doyen de Puydeval, pour l'inviter à faire bon accueil à M. de Belsunce « que le roy « a naguères pourveu du gouvernement Dacqs et qui s'y en va présentement, « estant mon amy et d'ailleurs personnage tant recommandé pour sa vertu et « bonté. » L'évêque de Dax ajoute que Belsunce est gentilhomme de la chambre du roi de Navarre. C'était Jean de Belsunce, IVe du nom, que, trois ans plus tard, Charles IX nomma capitaine et gouverneur du château de Mauléon et vicomté de Soule. (Voir sur lui un très-bon article dans le *Moréri* de 1759.)

Ibid. f° 28. — Henri II, le 4 août 1558, en une très-courte lettre adressée à « *Mon cousin le comte de Candalle, mon lieutenant en la ville de Dacqs, en l'absence « du roi de Navarre* », le compliment d'être allé se jetter dans la ville de Dax pour la garde, seureté, défense et conservation d'icelle.

Ibid. f° 29. — Extrait d'une lettre écrite de Tulle, le 1er novembre 1558,

assurer que c'est un des plus beaux lieux à mon jugement qui soit en toute la Gascogne, distant de demye lieue de la ville d'Acqs, où l'on est conduit par un chemin beau et plaisant en partie dans le bois, situé en lieu éminent et hault, ayant le regard sur une belle plaine par laquelle coule la rivière d'Alvy qui porte basteau et se va rendre dans celle qui passe à d'Acqs, nommée l'Adour, à une lieue au dessous du dict Sainct Pandelon passant par une prairie fort plaisante où j'espère, Monsieur, vous accompagner quelque jour.....

---

par le doyen de Puydeval à l'évêque de Dax (à Venise) : « ..... depuis mon partement d'Acqs n'est survenu aucune chose digne de vous escrire sinon qu'on m'a escrit comment M de Candalle a desmoly un petit jardin que vous aviez dans la ville, près la maison épiscopale, plus par folie que par nécessité. Il a aussi fait abattre cinq ou sept vingt cassines qui étaient au tour de la dite ville et ruiné tous les jardins et arbres du tour, de sorte qu'il a quasi ruiné cette pauvre ville pour le mauvais et inhumain traitement qu'il luy a fait. »

Ibid. f° 32. — Lettre, écrite de Dax, le 24 septembre 1538, au roi, par le comte de Candalle, au sujet de l'ennemi qui vient de Saint-Jean-de-Luz : « Quant à vostre ville d'Acqs, par vostre commandement j'ay resoleu d'y combattre et sur ceste querelle je ne veulx espargner personne ny biens, que j'y emploieray si bien que j'espère que l'ennemy, sachant l'estat auquel je me suis mis despuys le commencement du mois d'aoust, s'asseurera de ne me pouvoir surprendre, estant trop soigneux de me garder..... »

Ibid. f° 34. — Lettre du même au cardinal de Lorraine, de Dax, le 27 août 1558, contre M. de Burye « qui entreprend sur la charge qu'il a pleu au roy me bailler. »

Ibid. f° 36. — Lettre du même au roi (16 octobre 1558), dans laquelle il répond aux accusations portées contre lui par le roi de Navarre (influencé sans doute par Burie) : « Le roi de Navarre m'a escrit qu'il mandoit à M. de Burye commission d'enquérir des excès qui auront esté faicts en la charge qu'il vous a pleu me donner, qui est la jurisdiction de vostre ville d'Acqs. Il me desplairoit merveilleusement de m'estre tant oublyé en vostre service que de vous donner occasion de ne m'estimer fidellement véritable, voire me deusse-je accuser moy mesme et me condamner devant vous..... »

Ibid. f° 38. — Candalle, non content de s'être justifié de son mieux auprès du roi, écrit au cardinal de Lorraine (de Dax, le 16 octobre 1558) pour se plaindre du roi et de la reine de Navarre : « Il ne faut point que je vous déguize le mal contentement que le roy de Navarre m'a monstré par ses lettres et la reyne de Navarre, de quoy à mon advis je n'ay enduré que leurs officiers et leurs paysans me passassent sur le ventre en ce pays. Le roy de Navarre se formalise contre moy fondé sur le langaige d'ung homme de rien. Je porte peine d'estre tormenté à l'apetit d'ung petit compaignon sentant ma conscience saine. Il vous plaira de veoir l'estat des despances de nos fortifications..... »

IV

Lettre écrite à François II par le lieutenant du Sénéchal et l'avocat et procureur du Roy de la ville de Dax.

(Bibliothèque Nationale. — Fonds français, vol. 15872, f° 146.)

Sire, Il a pleu à Vostre Majesté nous envoyer certaines vos lettres patentes, escriptes à Paris le xxiiie du mois de juillet dernier, sur la prohibition du port et usaige des hacquebutes et pistoletz et nous commander de les fere estroictement observer et garder, pour à quoy obeyr, nous avons faict tout devoir et diligence et les (avons) faictes publier à son de trompe, par trois ou quatre jours de marché public, ès lieux accoustumés, afin que personne ne peult prétendre cause d'ignorance. Toutesfois que ce nonobstant les mortes paies et soldatz qui sont ordonnés pour la garde de ceste vostre dicte ville soubz la conduicte de vostre gouverneur en icelle, en ont porté qu'a esté cause que nous en avons informé et avons particulièrement remonstré au dict sieur gouverneur (1) et ses lieutenants la teneur des dictes lettres patentes, par lesquelles n'est permis à aucune personne, ains prohibé à toutes de quelque qualité et condition que soit, d'en porter ny tirer, sur les peines y contenues, ce que nous ne pouvions tirer du texte des dictes lettres que les dicts soldatz n'y feussent comprins eu esgard que tous autres qui cy devant avoient esté privilegiés quant à ce y estoient expressément nommez, et n'estimons loisible à personne autre que vous, sire, d'autrement les estendre ou interpreter que les dictes lettres portoient; lequel sieur gouverneur nous a faict responce, que n'y estans les soldatz expressément comprins et nommés, qu'il n'estoit vraysemblable que les y voulussiez comprendre et leur prohiber d'en porter, mesmes en faisant la garde, à laquelle il a déliberé leur en fere porter s'il n'en voit plus especiffique

---

(1) Jean de Belsunce, vicomte de Macaye, seigneur de Lissague et autres lieux, écuyer, conseiller et chambellan du roi de Navarre, pourvu le 17 avril 1557 de l'état et office de capitaine et gouverneur de la ville de Dax, qu'il exerça jusqu'à son décès arrivé le 14 janvier 1562.

prohibition; de quoy, sire, nous vous avons voulu advertir, pour qu'il plaise à Vostre Majesté nous mander si votre intention est telle qu'ilz en portent, faisant la dicte garde ou autrement afin que sçaichant nous vostre bonne volunté nous ne puissions faire faulte à l'exécution et obeyssance que nous devons à vos commandements, l'observation desquelz nous voulons avoir plus chere et la preferer à toutes choses de ce monde.

Sire, nous supplions le créateur qu'en santé vous doinct très longue et tres prospère vie.

D'Acqs ce second de septembre 1559.

Vos très humbles, très obeyssants subjectz et serviteurs.

Les lieutenant du Sénéchal advocat et procureur pour Vostre Majesté à d'Acqs.

DE LAFITE, greffier. (1)

V

Lettres des mêmes au même.

(Fonds français, vol. 15871, fol. 17).

Monseigneur, nous avons receu la lettre qu'il vous a pleu nous envoyer, et vous asseurons que si nous eussions cuydé vostre demeure si longue par dela (encore que Dieu mercy en ceste ville et en environs dicelle nous n'ayons apperceu, qu'il s'y face tumulte, assemblée ny autre chose escandaleuse contraires aux edictz et mendemenz du Roy), nous n'eussions faict faulte de vous rendre certain du tout et de la bonne volunté naturelle, obeyssance et fidélité que nous avons trouvé en subjectz dudict Seigneur en ceste sénéchaulcée envers Sa Majesté à l'Assemblée des estatz qu'a esté faicte en ceste ville suyvant son commandement, de quoy nous avons escript au Roy depuis six jours nous

---

(1) J'avais transcrit (Fonds français, vol. 15872, f° 215) une lettre des mêmes officiers du roi adressée de la ville de Dax, le 22 octobre 1559 « à Monseigneur de Burie, chevalier de l'ordre du Roy et son lieutenant-général en ses pays et duché de Guyenne en absence du Roy de Navarre. » Ce document vient d'être publié par M. le baron Alphonse de Ruble dans *Antoine de Bourbon et Jeanne d'Albret* (tome II, 1882, appendice, p. 448-450).

aiant il commandé de le faire entendre si le seneschal des Lannes et les evesques de la dicte senechaulsée estoient residenz et du devoir qu'ilz faisoient en leur charge, mais d'aultant que nous sçavons que Sa Majesté s'en reposera entièrement sur ce que vous luy en escriprez et que dès longtemps de vostre grace vous nous cognoissez aiant esté patron et protecteur de ce pais nous avons prins ceste hardiesse de vous supplier qu'il vous plaise nous faire ce bien de vouloir escripre à sa dicte Majesté (comme de nostre part nous vous asseurons et pourrez voir à l'œil à vostre venue par deça que nous desirons affectueusement), qu'en ce siège n'y a eu trouble ny esbranlement que nous ayons peu cognoistre d'aucune personne combien que y aions regardé de bien près et que s'il advient autrement, nous ne fauldrons à y obvier et faire tout devoir jusques à y employer biens et vies, néant moins d'en advertir Sa Majesté et à vous pour nous y prester faveur et ayde, vous suppliant aussi très humblement que si aviez quelque advertissement et qu'il nous faillut contregarder de quelque chose nous fèr ceste grace de le nous fère sçavoir et nous ne ferons faulte à vous obéyr de toutes noz forces en toutes choses concernantes le service du Roy et vostre et ce pendant supplier le créateur.

Monseigneur, qu'en santé vous doinct très longue et très heureuse vie.

Escript à d'Acqz, ce IX d'octobre 1560.

Vos très humbles et très obéissants serviteurs, les Lieutenant Général, Sénéchal, advocat et procureur du roi d'Acqz.

Par commandement des dictz officiers,
　　　De Lafitte, *greffier.*

VI

Lettre du chanoine Cashavaly à l'évêque de Dax, en Cour.

(Collection Gaignières, vol. 664, fol 40).

Monseigneur, je vous remercie très humblement de ce qu'il vous a pleu de me faire tant bonne part en voz faveurs que de m'avoir daigné (donner) de voz nouvelles et advertissement. Je vous ay, ces jours passez, escript des affaires concernant l'estat de vostre eglise (par le magistrat criminel de ceste cité) qu'il estoit assez en bon ordre. Mais à présent je suis contrainct vous advertir de ces nouvelles fort tascheuses, que le loup est entré dans vostre parc, quelles dilligences que j'aye sçeu faire pour l'empescher. Les grands faveurs qu'il a trouvé dans la dicte cité l'a amené. Ce loup est le plus pestillent qui soit en la Guyenne, faisant faire des protestations trop plus que séditieuses sçavoir est que celuy qu'il reçoit proteste de n'entrer en temple où il y ait ymaiges, ne ouyr la puante messe et paillarde, de ne ouyr sermons de moines ou prebstres parce qu'ilz portent la marque de l'Antecrist, de ne se trouver en baptesmes faictz à la façon de l'église papiste, moins en nopces de ne prendre femme s'ils sont à marier que ne soit de son église, et aux filles de mesmes et autres choses qui sont secretes et fort pernicieuses. Ce jour mesmes il commence dedens la cité prescher ; je ne puis presager que l'arrivée de grandz escandalles et tumultes populaires, car luy et sa suite vomissent parolles si très tant escandaleuses des sacremens de l'Eucharistie et de tout ce qui a esté observé cy-devant que ce sont choses exécrables et abominables, et dès qu'il a gaigné quelqu'un celuy cy en gaigne dans deux jours trois et est faict grand prédicateur, de sorte que si vous, Monsieur, ne trouvez quelque expédient de le jecter de ce lieu, je me doubte qu'il y aura des estranges exemplaires à toute ruyne. Je vous en advertys affin que à vostre venue ses playes soient guéries. Vostre présence eust non pas guéry, mais préservé vostre troupeau d'inconvénient, ou bien celle de M. le Doyen. Par le présent porteur qui a veu toutes choses serez adverty par vive voix.

Monseigneur, je supplie le seigneur Dieu qu'il vous done très heureuse et longue vie, vous suppliant très humblement vous plaise me tenir en vos bonne grâces.

D'Acqs, ce 17 novembre (1561).

Votre très humble et très obéissant serviteur.

JEHAN CASHAVALY (1).

---

(1) *Ibid.* f° 41. — Extrait d'une lettre écrite de Bordeaux, le 16 décembre 1561, par M. Antoine Jorgean, à l'évêque de Dax (en cour) :

« Monseigneur, je suis adverty que ceulx de vostre évesché vous y désirent

VII

Lettre des chanoines et du chapitre de Dax à l'évêque de Dax.

(*Ibidem*, f° 43)

Monseigneur, nous avons veu par vostre lettre que M. vostre vicaire nous a communiquée du 6ᵉ de juin le regret que vous avez eu de ce que l'exprès commandement que le roy vous a faict de aller devers S. M. a reculé le dessein et désir que vous aviez eu tousjours de venir visiter vostre église. Mais si vous avez regret de ce cousté là nous en avons bien aultant d'ennuy et desplaisir pour la ferme espérance que nous avions que vostre présence authoriseroit grandement nostre profession qu'est comme ailleurs par l'injure du temps bien contempnée et vous l'avez peu cognoistre et veoir par le procès verbal et exécution de certaines patentes que vous avez receu ainsy que ledict sieur vicaire nous a averty. Nous vous eussions dès lors escrit et supplié très humblement de assister de vostre faveur la cause que nous y poursuivons avec le corps de ceste ville pour la dinstallation du ministre qu'on a mis icy et remonstré l'interest et préjudice que c'est tant à vous que à tous vos diocésains. Sur

---

« bien fort si est ce que, ces jours passés, M. Cornier jeune, vostre procureur,
« receut d'Acqs lettres des dicts officiers qu'il m'a dit vous avoir envoyées
« par lesquelles on mandoit que tous les officiers du Roy dudit Acqs avoient
« fait le serment et protestation devant un ministre nommé Taulade, qui
« presche dans la dicte ville, mais non au temple. »

Ibid. f° 42. — Extrait d'une lettre écrite de Dax, le 1ᵉʳ janvier 1562, par le sieur Cashavaly à François de Noailles :

« Monseigneur, J'ai voulu vous advertir comme je vous ay adverty par
« M. le gouverneur de ceste ville, M. de Belsunce, de l'estat de vos église et
« diocèse tel qu'il estoit à l'heure que escrivis. Depuis les choses sont esté
« tellement menées par grande compagnie de séditieux que tout en est en si
« grand trouble et dégast que, à ceste heure, nous sommes en ceste ville
« effrayez que les embusches que nous sont apprestées nous menassent de
« pareille ruyne qui a esté faite à l'église de la ville d'Ayre et abbaye du Mas
« et à toutes autres églises du diocèse d'Ayre. »

cette délibération ceux de la nouvelle religion présentarent des patentes par où ils ont esté remis en leurs estats et encore faict establir ledict ministre auprès de ceste ville qu'ils ont exercé jusques à ce que Monsieur de Moncluc (leur ait ordonné) de le discontinuer et (de) venir devers luy pour leur accorder autre lieu en ceste séneschaulsée suivant le dict exprès commandement qu'il en avoit receu du Roy. A ceste fin en a délivré commission que Monsieur le gouverneur de ceste ville a exécutée. Monseigneur, nous sommes tous asseurez, mesmes comme Madame de Noailles en a escript à Monsieur vostre vicaire, que nous devons à vous seul ce remerciement de ceste expédition pour l'avoir moyennée au privé conseil comme avons esté advertis et outre ce que en cela vous avez faict grandement pour tout vostre clergé, sindicq et officiers du Roy de ceste ville nous vous pouvons asseurer que tout le public en est fort resjouy d'autant que c'est le vray moyen de nous nourrir en paix et sans escandalles. Mais craignant que ceux de la nouvelle religion qui sont bien fort dilligens et d'ailleurs n'espargnent rien pour venir à leur fin nous prévinssent, et que au préjudice de telle commission et exécution, obtinssent d'autres lettres pour encore jouir de leur ministère, nous avons advisé d'envoyer M. du Poy (1), présent porteur, pour aller par dela poursuivre la confirmation ou authorisation du Roy de ladicte commission lequel a mémoires et preuves suffisantes pour cet effect. A ceste cause nous vous avons bien voulu faire ceste cy tant pour vous mercier très humblement de la bonne volonté que nous portez et des actes que nous en avez monstré par effect singulièrement en cestuy icy, que aussy pour vous supplier affectueusement de continuer ce bon vouloir en la despesche et poursuicte dudict porteur affin que le commencement que y avez donné ne demeure sans effect, ce que nous recognoistrons pour une autant grande obligation que si vous nous délivriez de captivité, et en tous les endroicts que nous aurons moyen de recognoistre en

---

(1) Un Hispan de Poy fut maire de Dax au XVe siècle (Voir la *Chronique de Compaigne*, p. 18).

très humble service, le ferons de si bon cœur que prions Dieu, Monseigneur, en bonne santé vous doinct très heureuse vie.
Voz humbles et affectionnés serviteurs,
Les Chanoines et Chabitre d'Acqs (1).
D'Acqs ce 14ᵉ d'Aoust 1563.

VIII

Lettre de Burie aux Officiers de la ville de Dax.

(*Ibidem*, fº 46.)

Messieurs, J'ay receu la lettre que m'avez escript et le double d'icelle que vous a escript le roy de Navarre, laquelle avez receu par le secrétaire La Mothe et, le tout veu et bien considéré, je cognois que ledict roy de Navarre vous escript fort saigement se remectant aux édictz du roy sans passer oultre, comme la raison veult, et pour ce que vous m'escrivez qu'avez receu le dernier des édictz que Sa Majesté m'a envoyé pour faire publier par toutes les villes du gouvernement de Guienne vous avez à bien estudier là dessus et ne passez pas oultre, car encores ce soir je receus lettres du roy et du dict sieur roy de Navarre par où ils me commandent le faire observer de poinct en poinct et pouvez entendre par la lettre du dict sieur roy de Navarre qu'il ne ordonne nullement que Taulade (2) presche en vostre ville

---

(1) Suit (fº 43) une lettre de François Geoffroy, prieur de Bourgueyron, à l'évêque de Dax, du 16 août 1569. C'est la répétition de la lettre précédente, Le prieur dit, de plus, qu'il est allé auprès de Monluc, au nom de tous les catholiques du pays, et que c'est Monluc lui-même qui a conseillé d'envoyer le sieur de Poy, présent porteur, par delà pour avoir une confirmation du Roy. Le prieur ajoute que de Poy est lourni de mémoires et lettres de Monluc, du vicomte d'Orthe et du gouverneur de Dax, pour faire entendre au Roy le mérite de cette cause. Suit encore (fº 45) une autre lettre des officiers du Roy de la ville de Dax, du 18 août 1563, dans laquelle ils remercient François de Noailles de son intervention, et le prient de compléter ce qu'il a si bien commencé.

(2) Ce ministre Taulade ou La Taulade, ne serait-il pas le même que celui qui est signalé par M. P. Raymond, dans son Inventaire de Pau, tom. I, carton B. 2188 — 1571.73 ? *Ordonnance de Jeanne d'Albret, reine de Navarre, accordant des secours à Artus de Lateulade, ministre protestant, victime des troubles religieux.*

en public ne privé, mais seullement qu'il entend que laissiez jouir ledict Taulade de sa maison comme ses femme et famille qu'il a en la ville, sans faire presches, assemblées, et aussi que vostre dicte ville est aussi bien pourveue de gens annonçans la parole de Dieu que autre qui soit en ce gouvernement, et si ledict Taulade s'avance de passer plus oultre que ledict sieur roy de Navarre vous escript, ne faillez de luy faire mettre la main sur le collet, si cognoissez que le cas mérite. Je l'eusse escript à M. de Belsunce, vostre gouverneur, mais ce porteur m'a dict qu'il n'y est pas, et ne fauldray de luy faire entendre le contenu en ceste lettre, car c'est luy principalement qui le doibt sçavoir et qui doibt respondre pour son regard de ce que se fera en la dicte ville. (1)

IX

Lettre de Charles IX au lieutenant général de la ville de Dax

(Ibidem, f° 49)

De par le Roy.

Nostre amé et féal nous aiant le sieur evesque de Dacqs à son arrivée près de nous y a assez longtemps faict entendre le bon debvoir que vous avez faict à la conservation de nostre ville de Dacqs soubz nostre obéissance et à maintenir nos subiectz, habitans d'icelle, en repos et union par ensemble, nous avons

---

(1) Suivent (f° 48) des lettres données à Langon, le 29 novembre 1567, par Blaise de Monluc, lieutenant-général au gouvernement de Guienne en l'absence de M. le prince de Navarre, et contresignées Boéri, adressées « au sieur évesque de Dacqz, gouverneur, lieutenant-général et criminel, advocat du roy et maire de la dicte ville. « Nous vous avons commis, lui dit Monluc, commettons et députtons par ces présentes pour, appelé avec vous le sieur de L'Isle, conseiller en la cour de parlement de Bourdeaulx, délibérer, conclure et arrester ensemblement des affaires concernant les affaires de sa dicte Majesté et police de la dicte ville. » Par ces mêmes lettres, Monluc autorise les deux frères à lever la somme de 18,000 livres tournois, un quart sur le clergé et trois quarts sur les autres habitans de la ville et prévosté, paroisses et juridictions de Monfort, Sorde, et Hastingues, etc., de quelle religion que ce soit, pour le payement de la solde des cent soldats qu'il a mis en garnison dans la ville de Dax. Monluc ordonne enfin que les protestants révoltés soient emprisonnés et mis entre les mains de la justice pour qu'il en soit fait telle punition qu'il est porté par les édits.

estimé ne pouvoir moins faire que de vous asseurer par luy du contantement qui nous en demeure, en vous priant et ordonnant de continuer avecqs asseurance que nous ne serons sans le recognoistre ung jour à propos ainsi que vous dira de nostre part ledict sieur evesque, lequel vous croirès comme nous mesmes. Au surplus, d'autant qu'il désire faire doresnavant sa résidence en la dicte ville pour s'acquitter du debvoir auquel il est tenu, son intention est, comme il m'a faict entendre, de faire rediffier et construire la maison episcopalle que le défunct roy François, nostre ayeul, fit abattre et desmolir pour ramparer et fortiffier ladicte ville, mais qu'en ce faisant il se trouveroit grandement incommodé s'il ne s'approprioit des lieux vagues qui sont ès environs d'icelle, et mesmement du bout de la rue qui est entre l'église et elle, dont il m'a supplié et instamment requis, et de luy permettre qu'il puisse remettre les vieilles murailles qui en sont près et les rehausser de sorte que des remparts de la ville l'on ne puisse voir la dicte maison, chose que très volontiers nous luy avons accordée, à la charge que ce qu'il fera n'apportera aucune diminution ni préjudice à la seureté du dict rempart, dont nous vous avons bien volu advertir en vous ordonnant en ce que dessus ne donner aulcun empeschement audict sieur evesque de Dacqs, mais avec luy tenir la main qu'il en soit satisfaict, comme telle est nostre intention.

Donné à Paris, le vingt-sixième jour d'octobre 1568 (1).

CHARLES.

---

(1) Parmi les documents qui suivent celui-là, j'indiquerai (f° 49) une lettre du roi à Blaise de Monluc (écrite de Melun, en décembre 1568) pour lui annoncer qu'il renvoie Fr. de Noailles à Dax « où il a fait si bon debvoir pendant les derniers troubles pour la conservation de la ville en mon obéissance, » ajoutant qu'il a cru ne pouvoir mieux faire que de l'y renvoyer pour y continuer ce même bon devoir et invitant Monluc à l'assister ; (f° 50) une lettre du roi à M. de Saint-Esteven, gouverneur de Dax (décembre 1568) roulant sur le même sujet et dans laquelle, de plus, il est question de la reconstruction de la maison épiscopale; (f° 518) un mémoire, du 4 juillet 1568, à monseigneur de Dax pour se souvenir, quand il sera à la Cour, de parler au roi et à messieurs de son privé Conseil en faveur du capitaine La Mothe-Dizaut lieutenant de M. de Saint-Esteven, mémoire dans lequel ledit capitaine expose qu'il y a quatorze ans qu'il lui fut commandé par le feu roi

X

Lettre du capitaine La Motte Dizaut (1) à M. de Montferrand, gouverneur de Bordeaux. (2)

(Fonds Français FF., vol. 15556 f° 19.)

Monseigneur,

Je n'ay volu fallir pour la nécessité qui se présente à vous faire entendre que en Bearn le premier jour de ceste année furent tenus estatz composés du sieur d'Arros, ministres qui sont audict pays et gens de la nouvelle opinion en plus grand nombre que d'aultres personnes catholicques tant gentilzhommes que aultres et a esté resolu ainsi qu'avons entendu à la desrobée et parceque

---

Henri et feu Mgr le Connétable d'aller à Dax servir de lieutenant au capitaine Momas, lors gouverneur en cette ville, et que, pour obéir aux ordres du roi, il a été depuis lieutenant en la même ville du capitaine Ynart, de M. de Belsunce et de M. de Saint-Esteven, n'ayant pendant tout ce temps été payé de ses gages que pour quatre années ; (f° 61) des remonstrances (sans date) faites à Mgr le Chancelier par les officiers de la ville de Dax, d'où je détache ces lignes : « Les officiers du siège présidial Dacqs, sénéchaussée des Lannes, vous remonstrent très humblement que, par contract corroboré par serment par le roi Charles VII° et confirmé par les roys, ses successeurs, passé avec les habitans de la dite ville au temps de la réduction de Guienne est pourté expressément, entre autres choses, que le ressort de sa sénéchaussée des Lannes leur demeureroit comme leur patrimoine, et de ce appert par leurs privilèges confirmés par tous les rois; et est notoire que la ville d'Acqs est une forte place de frontière qui tient avec la ville de Bayonne du cousté des Espaignes la France en sureté, remonstrant que les dicts habitans de Acqs ont jouy du fruit dudit contrat quietement jusques à ce qu'il peut avoir quatre ans ou environ le roy de Navarre a obtenu du feu roy Henri de faire ériger en duché aulcunes des baronies et vicomtés dudit ressort d'Acqs et a faict establir un siège au lieu de Tartas, distant quatre lieues de la ville d'Acqs, lequel lieu de Tartas et toutes les baronies ou vicomtés ressortisans sont encloses et comprinses dans les limites de la dite sénechaussée. »

(1) Il est question du capitaine La Mothe, lieutenant du capitaine Saint-Esteven, le gouverneur pour le Roy en la ville d'Acqs, dans l'ordonnance de Monluc proscrivant l'exercice de la réforme à Dax, du 28 juillet 1563, publiée par M. de Ruble. (*Commentaires et lettres*, T. IV, p. 271.)

(2) Sur Charles de Montferrand, voir les *Commentaires*, T. I. p. 390 ; T. II. p. 387, 429 ; T. III. p. 15, 36, 75, etc., et sur sa mort, p. 534.

s'en est ensuivy depuis de lever gens et deniers nous faire quelque délibération et conspiration, de manière que la nuyt des Roys après deliberarent marcher en quelque lieu des terres du Roy, et par de mes amis ay esté averti, comme ont esté plusieurs officiers du Roy de la presente ville, que cestoit sur la dicte ville d'Acqs; toutes fois le mesme soir les dicts de Bearn par une faincte ayant entendu que nous estions esveillez et sur la muraille, ont faict une dissimulation et courir ung bruyt qu'ilz alloient vers la Basse Navarre pour y punir aucuns gentilzhommes qui avoient faict dire des messes, et se sont acheminez en bon equipaige, mais une partie de la dicte trouppe s'est remise bientost après audict Bearn, et du costé de la frontière de France et le demeurant s'en est allé vers Morlaas pour y rendre aultre suitte de ceulx de Foix ou de leur secte, au moyen de quoy et craignant quelque surprinse les dictz officiers du Roy et de la ville et moy avons mis en ladicte ville soixante hommes qui y sont entretenus à noz despens, oultre autres soixante qui y sont esté mis par ordonnance de Monseigneur l'Admiral, lesquels sont si mal payés qu'il y a ung mois qu'ils n'ont faict monstre à ceste cause qu'ils ne se peuvent entretenir sans estre payez. Jay receu advertissement de plusieurs seigneurs et gentilzhommes de me tenir en mes gardes comme ont aussi lesdicts officiers du Roy et de la ville, ce que je faiz, et ay délibéré faire pour le service du Roy et à conserver la place soubz l'obeyssance de Sa Majesté jusques à y despendre mes vye et biens, comme font le semblable lesdicts officiers du Roy et de la ville, les habitans et circonvoisins d'icelle.

Le cappitaine Borda, maire de la dicte ville, s'en est allé à Bourdeaulx à certaine assignation qui luy a esté baillée en la cour de parlement à requeste d'ung particulier et d'autant qu'il commande les habitants de la dicte ville comme maire susdict, seroit requis qu'il fust par deça. Je vous prie me faire ce bien et faveur que d'advertir de ce dessus mondict seigneur l'admiral par voye de la poste et que je le supplie très humblement qu'il commande que les dicts soixante hommes que luy a pleu ordonner en la presente ville soient payez, aux fins qu'ilz ayent moyen de s'entretenir faisant le service du Roy et remonstrer à Messieurs de la Cour qu'il leur plaise d'expédier le plus diligemment que faire se pourra ledict maire de ceste ville aux fins qu'il s'en puisse venir pour faire le debvoir de sa charge, considéré les dangiers auxquelz nous sommes. Monsieur le gouverneur de ceste ville est encore bien malade en sa maison au pays de Basques, mais sera en ceste ville dans quatre ou cinq jours ainsi qu'il m'a mandé. Je ne feray faulte à vous faire entendre de ce qui se passera par deça comme je vous supplie très humblement me mander de vos nouvelles, qui sera pour fin pryant le createur, Monseigneur, vous donner très longue et heureuse vie.

d'Acqs, ce xi janvier 1579.

et plus bas :

Votre humble serviteur

Signé : LA MOTTE DIZAUT

Et au dessus : a Monseigneur de Montferrand, chevalier de l'ordre du Roy, gouverneur et lieutenant pour Sa Majesté à Bourdeaulx.

Donné par coppie collationnée à l'original

de PONTAL.

XI

Lettre du maire et des jurats de la ville de Dax à Catherine de Médicis.

(Fonds français 15556, f° 351).

Madame,

Le roy, adverty de la pouvreté grande en laquelle nous et les habitans de ceste ville sommes reduictz à raison des grandes et excessives despenses qu'avons porté pendant les troubles passés, nous a ottroié des lettres pour imposer une partie de telle despanse sur toute la seneschaussée des Lannes. Toutestois en l'exécution d'icelles et levée des sommes imposées, les habitans de Baionne avec quelques parroisses lesquelles ont trouvé moien divertir à vouloir contribuer, combien soient de nostre siége, y font insistance, ensemble les habitans de la ville de Saint-Geniez qui sont la cause du mal advenu en toute la seneschaussée pour avoir mis la dicte ville entre les mains de l'ennémy, ce que nous sommes resolus faire entendre à Sa Majesté par le clerc de la présente ville que nous envoyons à ces fins, vous suppliant très humblement, Madame, le vouloir appuyer de vostre faveur pour que nos remonstrances et doléances soient receues par le roy et que telles lettres nous soient sur ce expédiées que puissions estre quelque peu relevés de la misère où sommes plongés et ayons meilleur moien subvenir aux affaires et service du Roy, si l'occasion se présentent, pour lequel et vous nous n'espargnerons nos biens et vies avec continuelles prières à Dieu.

Madame,

Que en toute santé et prospérité vous doint longue et heureuse vie.

D'*Acqs*, ce xve de *febvrier* 1573

Vos très humbles et très obéissants subjets et serviteurs les maire et jurats de vostre ville d'Acqs.

Par les maire et jurats

DUSEREZ, greffier de ladicte ville.

XII

Lettre du maire et des jurats de la ville de Dax à Charles IX

(Fonds français, vol. 15557, f° 188.)

Sire, nous avons prins hardiesse vous advertir comme vendredy dernier dix septiesme du present mois d'avril, entre huict et neuf heures du matin, deux ou trois cens hommes Béarnois et autres de la nouvelle opinion, conduictz par le baron d'Arros, seroient venuz au lieu de Hagetmau, et après avoir thué plusieurs gentilzhommes et autres soldatz qui estoient à la suyte de Monsieur de Gramont, seroient entrez dans son chasteau et faict prisoniers le dict sieur et le sieur de Poyanne et autres gentilshommes et les menez au païs de Béarn ou ilz les détiennent encore cejourd'huy (1) Aussy comme le mesme jour, autre trouppe des-

---

(1) Rapprocher ceci de deux lettres sur le même sujet adressées à M. de La Mothe-Gondrin, sénéchal des Landes, l'une le 23 avril, par le parlement de Bordeaux, l'autre le 14 juin, par le roi Charles IX, publiées par M. Léonce Couture dans la *Revue de Gascogne* de février 1866, pages 90, 91.

dictz béarnois et autres de la dicte nouvelle opinion ont thué plusieurs soldatz en la ville d'Arsac conduictz par le cappitaine nommé Lartigue ont faict grand domaige et continuent à ce faire s'estant mis en campaigne avec deux ou trois mil hommes et deux pièces de canon avec déliberation comme ont dict d'aller assieger vostre ville de St Sever ou vostre ville d'Acqz ce que (quand ilz firent) vous supplions, sire, penser que tout ainsi que pour le passé et pendant les troubles précédenz l'avons conservée avec l'ayde de Dieu soulz vostre auctorité sans qu'il vous aye convenu y employer du vostre ; que doresnavant redoublerons de volunté et affection pour maintenir vostre dicte ville en pays qui faict teste au pais de Bearn, quy est aujourdhuy la retraicte de tous ceulz quy ont voulu surprendre vostre dicte ville d'Acqz par eschelles en mille autres deliberations. Mais la fidellité de voz subiectz habitanz a rompu et brisé sous les dessaingz de telle manière de gens et a retiré ceulz quy ont esté desbalizez avec ledict sieur de Gramont et autres du pays quy se sont retirez en la présente ville. Nous avons, Sire, nostre délégué en cour pour ramonstrer les empeschemenz que ceulz qui n'ont enduré rien veullent faire au paiement et remboursement des sommes qu'il a pleu à V. M. nous ordonner pour le paiement des fraiz assigné sur le pais, vous suppliant très humblement commander estre despeché, car c'est le clerc de vostre ville qui proffiteront à vostre service estant par deça.

Sire nous prierons le bon dieu vous conserver en vostre estat roial avec puissance de punir les rebelles ennemis de vostre couronne et remetre vostre peuple en repoz.

De vostre ville d'Acqz, ce XXIᵉ d'avril 1573

Vos très humbles très obeissants subiectz et serviteurs,

Les maire et jurats de vostre ville d'Acqz

Par mesdictz sieurs

Duserez, *greffier.*

XIII

Lettre du maire et des jurats de la ville de Dax à Catherine de Médicis.

(*Ibidem* f° 187).

Madame, nous avons prins hardiesse escripre au Roy du désastre qu'est advenu au sieur de Gramond par les Béarnois et ceulx de la nouvelle opinion, conduictz par le baron d'Arros, et detant aussi que M. nostre gouverneur en escript n'en ferons discours saufz vous advertir que ledict pais de Béarn est retraicté de tous rebelles et de ceulx qui n'ont jamais voleu obéir aux édictz de S. M., faict mille maulx aux terres du Roy et jusques aux portes de la présente ville qui a conservé icellui pais soubs l'authorité de sa dicte Majesté par la fidellité que les pouvres habitanz ont gardé pendent les précédens troubles aiant eu Mongonmery en teste avec son armée repousser toutes escalades et délibérations. Encores le cinquiesmes d'aoust mil cinq cents septante dudict pays de Béarn Montamat nous vint à la minuict mettre ses eschelles contre la muraille, mais les seulz fidelles habitans le repoussarent et pour l'entreténement des fraiz qu'il a convenu pourter nous estantz engaigez prins argent où en trouvionz le tout vériffié par le président Tambonneau (1) envoié par Monseigneur l'Admiral, lesdictz fraiz ont esté vériffiez et approuvez par le Conseil privé et obtenu pattentes sur le remboursement. L'on a donné empechement mesmes ceulx de la ville de St Sever qui abandonnarent sa ville avant veoir l'ennemy et sans coup tirer aiant cinq ou six cens harquebuziers lesquelz nous reccuillismes partie en la présente ville et enduré tous fraiz et despens de la conduicte de l'artillerie vers le chasteau que le sieur de Monluc print nommé Arrebastenx (2) Nous avons le clerc de la presente ville à la poursuitte vous suppliant très humblement,

---

(1) Pour le président Tambonneau, comme pour les autres personnages mentionnés dans cette lettre, je renverrai le lecteur aux *Commentaires* de Blaise de Monluc et aux notes si bien faites dont M. de Ruble a enrichi l'édition de la Société de l'Histoire de France.

(2) Lisez Rabastens (Hautes-Pyrénées).

Madame, comander qu'il soit despeché car sa présence seroit requise pour le service du Roy. A Dacqz n'y a personne que les habitanz et la pouvretté est telle qu'il y mourra avant la collecte des fruictz une partie du public. Nous sommes en personnes nuictz et jours sur les murailles et portes avec les armes aiant les ennemis en teste et prochains de la ville, et espérons attendant l'ayde du Roy y pourrons faire teste et conserver l'authorité sienne et pais.

Madame nous prierons le bon Dieu vous conserver en santé bonne et longue vie.

D'Acqz le XXI avril 1573 (1).

Vos très humbles et très obéissans serviteurs.

Le maire et juratz de la ville et cité d'Acqs
par mesdicts sieurs
Duserez, greffier.

XIV

Lettre de M. de Poyanne au roi Henri III

(Fonds français, vol. 15569, f° 49.)

Sire,

Aiant entendeu les remuemens quy ce fesoint en certains endroitz de vostre roiaume je n'ay soudein fally d'escrire à monsieur le mareschal de Matignon affin qu'il me mandat ce que j'avois à fayre pour le service de Vostre Majesté aiant incontinent aussi exorté voz villes d'Ax et Saint-Sever et à (*sic*) mes amis de ce maintenir en l'obeissance et fidelle subjection qu'ilz vous doyvent. Je suplie tres humblement Vostre Majesté de croyre

---

(1) Par une lettre du même jour, (f° 201), M. de St-Esteven, qui signe Jehan de Sainct-Esteban, rappelle au duc d'Anjou qu'il l'a déjà instruit, le 18 avril « du désastre advenu au sieur de Gramond qui est prisonnier en Béarn avecq « d'aultres cappitaines et gentilshommes prins et captionnés au chasteau de « Hagetmau. » Le gouverneur de la ville de Dax demande que l'on envoie « quelque notable personne pour commander et conserver les dangiers qui « s'en pourroient ensuyvre. » Le gouverneur déclare qu'il n'a aucunes forces dans la ville défendue seulement par ses habitants. Il promet de se tenir sur ses gardes.

que je ne manqueray james à vous randre à mon possible tout devoir de très fidelle suget et ny sera james ma vie espargnée, priant Dieu Sire doner à Vostre Majesté très heureuse et longue vie.

De Poyanne ce premier jour d'avril (1585).

Vostre très humble et très obeissant subjet et serviteur,

POYANNE (1).

XV

Lettre des officiers de la ville de Dax au maréchal de Matignon

(Fonds français, vol. 15570, f° 155.)

Monseigneur,

Nous vous escrivimes parthier l'estat des affaires de ce pais du tout disposez à la guerre. Despuis les forces s'assemblent en grand nombre, tant celles qui sortent du paiz de Béarn et de Bigorre et sont logées en France le long la frontière de Béarn, et en avons deux compaignies en deux parroisses de nostre siège à trois et quatre licues de ceste ville et se sont saisis des maisons les plus fortes des lieux, bruslent, pillent et saccagent et ont quelque desseing et entreprinses sur les villes, de tant qu'ils ont grand nombre d'échelles et trois cens pionniers pour marcher avec eulx. Ne sçavons encores s'ilz meinnent artillerie. Les chefs sont Larocque-Benac, le baron de Castelnau et Parrabere (2), desja Campes a couru la lande faisan de prisonniers. Nous n'avons icy ny forces ny moyens pour leur resister à la campagne comme le pauvre peuple nous en requiert, mais quant à la ville nous espérons de nous bien deffendre et faire nostre devoir et d'y

---

(1) Cette lettre et quelques autres encore que l'on trouvera plus loin compléteront la série si importante et si curieuse de documents sur la maison de Poyanne qui ont été publiés par M. l'abbé de Carsalade du Pont et que j'ai déja eu le plaisir de citer et de louer plusieurs fois.

(2) Voir sur Larroque-Bénac, Castelnau et Parrabére les *Mémoires de Jean d'Auhas de Samazan, seigneur de Cornac* publiés par M. l'abbé de Carsalade du Pont et par celui qui écrit ces lignes (Sauveterre de Guyenne, T. Chollet, 1880, in-8°).

exposer noz vies pour la conserver en l'obeyssance du Roy. Tant y a que ne pouvons guere nous servir de l'artillerie pour le mauvais equipaige auquel elle est comme vous, Monseigneur, avez veu vous suppliant d'y pourvoir priant Dieu,

Monseigneur, vous donner en parfaicte santé longue et heureuse vie.

D'Acqs ce xxve jour de juillet 1585.

Voz très humbles et très obeissans serviteurs les officiers du roy et de la ville d'Acqs

DUSEREZ, *greffier*.

XVI

Lettre de M. de Poyanne au roi Henri III

(Fonds Français, vol. 15570, f° 320).

Sire,

Il y a quelques jours que j'avois supplié Vostre Majesté estant l'evesque de ceste vostre ville d'Acqs prest à rendre l'esprit, (1) qu'il luy plust accorder l'evesché au prothenotaire d'Antin, mon oncle, homme de bonne et saincte vie, esperant avec le tempz (soubz le bon plaisir de Vostre Majesté) se pouvoir faire tomber ez mains d'un mien enfant que je faictz instruire aux lettres pour le rendre capable d'une si saincte vocation. A present estant ledict evesque décédé (2) je supplie très humblement Vostre Majesté estre son bon plaisir d'interiner ma requeste. Quoy qu'il en soit je continueray toute ma vie au debvoir et fidélité que je doibs à vostre service comme je m'assure qu'entre autres aura pour agreable le debvoir auquel je me suis mis puis peu de jours à descouvrir et empescher une malheureuse trahison qui estoit dressée contre ceste vostre ville ayant esté le principal au-

---

(1) François de Noailles.
(2) F. de Noailles mourut le 19 ou le 20 septembre 1585, mais le 20 plutôt que le 19, d'abord parce que l'abbé de Vertot indique le 20 (probablement d'après les papiers de famille), ensuite parce que M. de Poyanne dût écrire la présente lettre le lendemain de la mort du prélat, c'est-à-dire le jour même où il reçut la nouvelle de cette mort arrivée à Bayonne.

theur prins et mis entre les mains de voz officiers, comme ce porteur vous fera entendre (s'il plaist à Vostre Majesté me faire cest honneur de le vouloir escouter). Monsieur de La Lanne, lieutenant-général en ceste vostre ville, a sy bien servy en cest affaire que je suis occasionné tant en consideration de ce que des aultres services qu'il a par cy devant faitcz à Vostre Majesté de la supplier très humblement de voulloir pourvoir ung sien frère (nommé M. Daniel de La Lanne) chanoyne d'Acqs, de l'abaye de Dulavielle à présent vacante par le décès dudict sieur evesque d'Acqs, qui n'est de plus de valleur que de deux cents escus et je prieray Dieu Sire donner à Vostre Majesté très longue et prospère vie.

d'Acqs ce 21 septembre 1585.

Vostre très humble et très obéissant serviteur et subject.

POYANNE.

XVII

Lettre du même au même

(Fonds Français. vol. 15571, f° 21).

Sire, nous sommes très marris que suyvant le debvoir de noz charges nous n'ayons le moien et la commodité de vous faire entendre à tous momentz l'estat de ceste vostre ville laquelle nous pouvons dire avoir esté battue de tant de misères puis cinq mois qu'il ne luy reste plus que l'umbre et la mémoire de ce qu'elle a esté. Car oultre ce que la justice n'a son lustre et dignité accoustumez, noz escolles et l'instruction de la jeunesse a cessé, le commerce manque, et, que plus est, partie de noz églizes sont clozes pour la perte des pasteurs et prebstres ordinaires de façon que le nombre des mortz de tous sexes et qualitez jusques à présent est de dix mil personnes et plus. Nous en espérons la ressource de la main souveraine de Dieu duquel toutes graces et bénédictions procédent, et sy d'ailleurs nous sommes asseurés que vostre débonnaireté singullière, suyvant voz promesses, ne nous defaudra, et comme le mal est contagion à estre viollante et très grande, il semble à présent que Dieu nous commence à regarder de bon œil, et en verrions ja de grands effectz sans le meslange des vendanges, et la saison d'automne qui est de soy disposee aux mallades. Cependant nous ne manquons d'y emploier tous les remeddes et moiens qu'il nous est possible. Et ores que aucuns de nous au mois de septembre dernier pour les accidens survenus en leurs familles aient esté absens pour quelques jours, toutefois nous sommes pieça tous grâces à Dieu remis, vacquons incessament à ce qui est de noz charges et fonctions tant pour le faict de la santé que de la seureté et conservation de ceste ville soubz vostre obeissance, supplians très humblement Vostre dicte Majesté croire que nous avons supporté et supportons encores pour ces deux occasions une despence et frais si grands et insuportables que nous sommes contrainctz succomber soubz le faix, ayant non seullement espuisé les bourses des bourgeois de ceste vostre dicte ville mais aussi emprunté beaucoup de sommes à grands interets et sy la misere du temps est telle que le domaine de ceste vostre dicte ville qui est destiné pour les gaiges et entretenements des officiers et pour subvenir aux charges publicques est tellement diminué qu'il ne sçauroit suffire à la moytyé. C'est donc à vous, Sire, que nous voz naturels et très humbles subjectz avons recours comme nostre père et seigneur souverain affin que nostre fidellité et obéyssance qui vous a esté congneue de tout temps soit en ceste necessité publique assistée des biens et faveurs que Vostre Majesté a accoustumé départir à ses bons et loiaux subjectz, attendu mesmement que oultre la malladie de laquelle nous sommes affligez nous sommes environnez des ennemiz de vostre estat et du repos publicq qui ne cessent journellement de nous travailler, ayant d'un costé comme bouché et clos l'entour de ceste riviere par les forces qu'ilz treuvent ez environs de Brouaige et Royan et d'ailleurs puiz deux jours nous avons recceu advertissement que les forces du Roy de Navarre debvoient descendre par les Lanes avec canon pour courir jusques aux portes de ceste ville. Mais nous espérons que Monsieur le Mareschal de Matignon lequel est encores en Agenois y pourvoirra avec sa prudence et vigillence accoustumez et fera que voz bons et catholicques subjectz seront maintenus et conservés soubz vostre protection comme de nostre part en continuant ceste vollonté que Dieu a mis en nous dès nostre naissance nous n'espargnerons ni vie ni moiens pour nous opposer valleureusement à tout ce qui sera contre vostre auctorité et service et s'en venant le fils de Monsieur le Gouverneur d'Acqs et le gentilhomme que j'avois envoié à Vostre Majesté, ilz ont esté prins et toutes leurs despesches par aucuns des troupes de Monsieur le prince de Condé qui les détient encores les aiant déclarez prisonniers de bonne guerre, de quoy je n'ay voulu faillir advertir Vostre Majesté pour la supplier très humblement estre son bon plaisir de commander que semblables despesches me soient expédiées et me faire entendre ce que j'auray à faire pour le service de Vostre Majesté pour lequel j'emploieray ma vie et moiens à toutes les occasions qui s'en présenteront. Je prie Dieu,

Sire, vouloir conserver Vostre Majesté en très longue et prospère vie.

D'Acqs ce xi octobre 1585.

Vostre très humble et très obéissant serviteur et subject,

POYANNE.

XVIII

Lettre des officiers et des habitants de la ville de Dax au roi Henri III

(Bibliothèque de l'Institut. Collection Godefroy, portefeuille 261).

Sire

Nous avons extresme regret de ce qui est advenu naguière en vostre ville de Paris (1), ne l'ayant sçeu auttrement que par la lettre que Vostre Majesté a envoyé au sieur evesque de ceste ville d'Acqs (2), à cause de quoy avons estimé estre de nostre

---

(1) Journée des barricades (12 mai 1588).
(2) Gilles de Noailles, le très digne frère d'Antoine et de François de Noailles. J'ai eu l'occasion de parler de cet habile diplomate dans le recueil des *Lettres inédites de François de Noailles* (1865) et dans *Antoine de Noailles à Bordeaux* (1878).

devoir de vous asseurer de nostre loyaulté et fidélité. Et comme en suivant les traces de noz prédécesseurs et le commandement qu'avons de Dieu de vous recognoistre pour nostre Roy et souverain seigneur, nous tascherons par tous moyens à vous rendre le service et obéissance que devons à Vostre Majesté, en laquelle volonté nous sousmes résolus de vivre et mourir, sans que pour quelque chose qui soit advenue ou puisse advenir, elle reçoyve aucune altération ou changement, estans tous d'une mesme intelligence pour cest effect, d'y employer jusques à la dernière goutte de nostre sang. Et sur ce nous prierons Dieu, Sire,

Vous donner en toute prospérité très longue et très heureuse vie.

En vostre ville d'Acqs ce 6 juin 1588.

Voz très humbles, très obéissans et très fidèles subjects et serviteurs.

Les officiers de vostre justice, maire et juratz et aultres bourgeois et habitans de vostre ville d'Acqs.

DELABAIG, *greffier*.

XIX

Lettre de M. de Poyanne au roi Henri III.

(Fonds français, vol. 15,574, f° 171).

Sire,

Estant de retour des estatz de Moissac où j'estois allé par vostre commandement treuver Monsieur le Mareschal de Matignon, j'ay sçeu avec extresme regret et déplaisir par celle que Vostre Majesté a escrite de Chartres le xxe du passé à Monsieur l'évesque de ceste vostre ville d'Acqz les nouveaux accidenz survenuz en vostre ville de Paris, sur quoy craignant que tel exemple apportast quelque préjudice à ce que doibvent fidelles subjects à leur roy et prince souverain, j'ay assemblé des principaulx du clergé et habitans des villes esquelles Vostre Majesté a treuvé bon que je commandasse pour sonder leurs voulontez, lesquels tous j'ay veu si ardans au devoir et obéissance de Vostre Majesté que je la suplie très humblement de n'en faire doubte comme particullierement les habitans de ceste ville rendent tesmoignage de leurs bonnes intentions par celle qu'ilz escrivent à Vostre Majesté et espère qu'avec ceste ferme résolution de laquelle je m'assure, Dieu me fera la grâce de maintenir la dicte ville et tout ce qui est de ma charge en l'estat que désire Vostre Majesté pour la conservation de laquelle j'ay dès longtemps voué et dédié ma vie et tous mes moiens, aymant mieux souffrir cent mille mortz que de me divertir tant peu que ce soit de l'obeissance que je doibs à Vostre Majesté de laquelle attendant les commandemens je priray Dieu, Sire,

Voulloir conserver et maintenir Vostre Majesté en très longue et très heureuse vie.

D'Acqz ce 6 juing 1588.

Vostre très humble et très obéissant serviteur et subject,

POYANNE.

XX

Lettre de l'évêque de Dax à Henry IV (1).

(Bibliothèque nationale, Collection des missions étrangères, vol. 175).

Sire,

Je reputeray tousjours a très grand honneur quand vostre Majesté voudra tant s'abaisser que de vouloir ouyr parler de mes actions puis quattre années que jay este promeu sur vostre nomination moy indigne a l'evesché Dacqz (2) soit pour le bien de

---

(1) Jean Jacques Du Sault, qui succéda à Gilles de Noailles et qui mourut le 25 mai 1623.

(2) On a donné à tort à la nomination de J. J. du Sault la date de 1597 (Voir l'*Annuaire* publié par la Société de l'Histoire de France, 1845, p. 76). D'après le témoignage même de Du Sault, sa nomination n'aurait eu lieu qu'en 1599. Voir du reste, le *Gallia Christiana* qui indique cette dernière date, et aussi une lettre du cardinal d'Ossat écrite à Villeroy le 22 janvier 1599.

vostre service que pour le reste de mes deportemenz en l'exercice de ma charge. Monsieur le Mareschal dorlano (*sic*) et le sieur de Poyanne m'en seront fidelles tesmoings et vous raporteront de quel pied jay tousjours marché. De rechercher autre tesmoignage des seigneurs circonvoisins bien qu'ils en ayent bonne cognoissence, ce seroit faire tort à la créance que vous aves en eux comme vos très fidelles serviteurs. Mais permettés moy, Sire, avec vostre patience que je vous rende compte de ce qui ce pace dans mon évesché et en la ville Dacqz où j'ay cest honneur de présider en l'ordre ecclésiastique ayant veu en cas pareil qu'on a eu recours à Vostre Majesté pour luy battre les aureilles de semblables différens où les désordres n'ont prins leur accroiscement que par les longues absences de nos prédécesseurs (1) et en telle sorte que ceux qui nous sont inférieurs n'abborrent rien plus que nos présences en nos dignités pour vivre à leur accoustumée liberté sur l'appréhention et la creinte qu'ils ont de la punition de leurs faultes et démérites. Pour prévenir les lengues mesdisantes qui pourroient parvenir jusques a vos aureilles, je vous diray en peu de parolles pour ne vous ennuyer et abuser de vostre patience que jay demeuré quatre années entieres et revolues à prier mon chapitre de me rendre et restituer les papiers de mon évesché où j'ay tant advencé le dernier jour que le premier, me les ayant tousjours desniés jusques à ce jourd'huy bien qu'il apparoisse par actes qu'ils les detiennent tellement que j'ay esté constreint et nécessité recourir à Romme par fulminations ecclésiastiques pour en avoir la vérité ; et lorsqu'il a esté question de policer mon esglise et y faire quelque règlement quelques uns de mes chanoines ont vouleu prétexter leur rébellion sur quelque prétendue exemption à raison de quoy aussi je me suis pourveu par devant nostre Sainct Père le Pape et luy ay demandé juge pour décider nostre différent qui nous a renvoyé par devant Monsieur d'Auch nostre archevesque et nostre juge naturel pour nous en donner sa loy (2). Ce sont les voyes de justice que j'ay recherché pour avoir raison de ceux qui sont soubs nous et ne nous veulent recognoistre pour

---

(1) François et Gilles de Noailles ne résidèrent presque pas dans leur diocèse.
(2) Cet archevêque était Léonard de Trapes.

leur supérieur lesquelles voyes ne font tort ne injure à personne que je supplie très humblement Vostre Majesté avoir pour agréables. Il y a plus que ayant vostre cour de parlement de Bourdeaux par son arrest du 29 juillet 1600 confirmatif d'autre arrest du 12 may audict an renvoyé un de mes chanoines par devant son juge d'église certaine partie instigante avec la fonction du procureur d'office auroit présenté devant nous certaines informations contenent plusieurs excès commis par ledict chanoine, lesquelles nous aurions decretté d'adjournement personnel et despuis à faute de comparoir prinse de corps a esté octroyée par imploration du bras séculier à l'exécution de laquelle il a esté commis plusieurs rébellions contre le sergent exécuteur des mandements de votre justice, chose inouye en une ville de vostre obéissance en la présence de deux juratz de la ville, lesquels au lieu de prester main forte assistèrent à l'enlèvement du prisonnier par force et violence avec plus de cinquante personnes de la ville auquel bruit et tumulte le lendemein accourust ledict de Poyanne et le sieur Baron son fils et ayans veu qu'il n'y avoit personne de blessé à une telle esmeute se sont retirés, laissant aux partyes d'en poursuivre l'action par la voye de la justice nous ayant faict néantmoins offre qu'en pareilles occurrances en estans advertis ils viendront eux mesmes en personne tenir la main à l'exécution de la justice, de quoy je vous ay bien vouleu donner advis pour que si leur témérité donne subject que tout cecy parvienne à vostre notice, que je reçoive ceste faveur de vostre Magesté qu'ils ressentent que mon service vous est agréable en ma charge et que vous avez eu à plaisir les services de feu mon père (1) et à présent de mon frère (2) en l'exercice de l'office de vostre advocat général

---

(1) Charles Du Sault, avocat général au parlement de Bordeaux, qui avait épousé, en 1561, Agnès de Godin, petite-fille du chancelier Olivier.
(2) Jean Olivier Du Sault, né en 1577, sur lequel on doit lire une notice de M. Jules Delpit dans *Un Curé bordelais, recueil de mazarinades publiées sur Louis Bonnet, curé de Sainte-Eulalie de Bordeaux* (Sauveterre de Guyenne, Jean Chollet, 1881, in 8º, p. xv-xvii). Sur Charles Du Sault et sur ses fils Jean Jacques, l'evêque, et Olivier, le magistrat, voir divers détails dans le *Nobiliaire de Guienne et de Gascogne* (t. 2. Bordeaux 1856, p. 226-227).

en vostre dicte cour de parlement de Bourdeaux et je continueray mes prières ordinaires envers Dieu pour vostre santé et longue vye avec repos et tranquilité de vostre estat à longues et heureuses années que vous souhaitte, Sire.

Vostre très humble et très obéissant serviteur et subject.
Du Sault E. Dacqz.

Dacqz ce XII février 1603.

XXI

Lettre du maire et des jurats de la ville de Dax à « monseigneur de Roquelaure, chevalier des ordres du Roy, mareschal de France et lieutenant pour Sa Majesté en Guyenne. » (1)

(Bibliothèque nationale, mélanges de Clairambault, vol. 367, f° 4023).

Monseigneur,

Nous avons receu celle qu'il vous a pleu nous escrire avec l'incluse ce jourdhuy dix huictiesme du courant environ les huict heures du matin que tout promptement nous avons faict tenir à monsieur de Poyanne, nostre gouverneur, qui est devant le fort d'Ayre tenant assiégez (avec le seigneur de Gramont) les ennemis du Roy qui sont dans ce lieu. Vous scaurez, monseigneur, que, lundy dernier, sur les deux heures après midy, le sieur de la Force avec quatre mil hommes et cinq cent chevaux les alla attaquer cuidant faire lever le siège et sur un furieux combat qui fut donné sur ce poinct et sur l'ataque dudict sieur gouverneur aux approches de l'ennemy estant luy accompagné de quarante gendarmes ils rompirent leur hot (2) en thuarent environ de

---

(1) Roquelaure est si connu que, pour ce personnage, comme pour bien d'autres personnages célèbres nommés dans ces documents, je juge toute note inutile.

(2) Sans doute *host*, armée.

deux cens hommes sur la place, outre un grand nombre de blessez qui furent portés sur quinse charretes à Pau, le lendemain, mardy, quinsiesme de ce mois, comme nous en avons eu asseurance et de la part dudict sieur gouverneur (qui s'est porté extrêmement vaillant et courageux en ceste action). Il n'y a eu que un de ses gendarmes de thués et de ses plus affidés blessés en nombre de huict ou dix et le dict sieur gouverneur heureusement retiré, toutefois son cheval thué soubs luy, aiant receu six coups de mosqués dans la presse et sans secours et assistance, l'ennemy aiant donné de telle roideur dans les tranchées du sieur de Gramont où il estoit engagé ils cuidarent emporter la barricade où il estoit et le forcer, mais il fut bien secouru à la vérité, aiant ledict sieur de Gramont perdu quelque nombre de gens.

Ceste action, Monseigneur, nous faict promettre quelque heureuse yssue de cest affaire qui réussira à vostre contentement et au bien et service du Roy. Le dict sieur de Gramont a faict conduire dès lundy dernier deux pièces de canon pour batre ceux du dict fort de Aire que nous croions estre desja sur les lieux. On tient que l'ennemy se délibère de luy donner combat de jour à autre. Nous n'en avons encore eu autre nouvelle. Il est bien vray qu'on tient asseurement qu'avec le sieur de Montespan (qui a joinct dès dimanche dernier lesdicts sieurs audict Aire) il y a près de dix mil combatans. Soudain que nous aurons receu quelque autre nouvelle sur ce subject, nous ne manquerons vous en donner advis, vous suppliant, Monseigneur, nous croire, en toutes occasions que jugerez propres, pour demeurer à jamais, Monseigneur,

Vos très humbles et très obeissans serviteurs, les maire et jurats de la ville et citté d'Acqs.

Par mandement desdicts sieurs,

De Laur ? commis greffier.

D'Acqs ce 18 mars 1616.

XXII

Lettre de M. Du Sault, lieutenant général de la ville de Dax (1),
« *à la Reyne Mère* ».

(Bibliothèque nationale. Mélanges de Clairambault, vol. 367, f° 4071).

Madame,

Sy les justes armes de M. de Poyanne ont donné de l'effroy à quelques ungs, l'heureux succès de sa victoire a tout aultant soulaigé la province d'ung infinité de malheurs qui la consumoit peu à peu, car lorsque halanez nos doleurs nous respirions soubz le bonheur de la tresve qu'il avoit pleu au roy ordonner, les ennemis jurés de l'estat et repos du public commettans toutes sortes de viollances se sont emparés d'Ayre et non contans de ce bel exploict ont esté sy osés que de venir piller et ravager les environs de vostre ville d'Acqs et faire des prisonniers jusques aux portes d'icelle. M. de Poyanne, esmeu de la ruyne du peuple, n'a peu supporter davantage ceste oppression et employant librement ses moiens pour l'entretien des gens de guerre de sa suite, n'a pas crainct de hazarder sa vie pour en tirer raison que sy chassant toujours et poursuivant sa poincte il a esté contrainct de loger dans Ayre, ville de son gouvernement, que l'on peult honnestement blasmer ceux du chasteau de la mesme ville l'ont irrité, blessant ses gens et tirant continuellement sur eux. Pouvoit-il moings faire que de les reduire soubs vostre obeyssance et par ce moien redonner le premier estre à son gouvernement presque diforme par les accoustumées pilleries que cette canaille y commettoient, ce qui nous faict esperer qu'ils n'atanteront rien plus pour le moingz qu'à leur desavantage, car ledict sieur est sy soi-

---

(1) Gabriel du Sault, petit-fils de l'avocat général, Charles du Sault, et fils d'un autre Charles du Sault, aussi avocat général au parlement de Bordeaux, lequel avait épousé Marguerite de Cruzeau (Voir le *Nobiliaire de Guienne et de Gascogne*, t. I, p. 226.)

gneux et diligent qu'il a munitionné de provisions de guerre toutes les places de son gouvernement et tout à ces propres despans, en quoy l'estime de son mérite est plus grande et la province très heureuse d'avoir ung tel gouverneur.

Ma charge et mon debvoir m'obligeoient d'avertir Vostre Majesté du soing que ledict sieur porte au bien du service du Roy et du vostre, Madame, comme je teray et en toutes occasions pour mériter d'estre,

Madame, vostre très humble, très obéissant et très fidel serviteur et subject.

Du Sault,
Vostre lieutenant général.

A Dacqs, le 29 mars 1616.

XXIII

Lettre du duc d'Epernon au Cardinal Mazarin

(Archives nationales, registre kk 1217, fº 32)

Monsieur,

Les grandes occupations dans lesquelles est V. E. n'empeschent de vous importuner a tous momens de la lecture de grandes lettres, et en ce rencontre de la desunion que M. le comte de Gramont s'efforce de faire de la justice de la Prevosté de Dax de celle de la ville qui est très préjudiciable au bien du service du Roy, contraire à leurs privilèges confirmez par les Roys qui ont précédé et qui pourroit mettre la place qui est frontière au hazard, je me contente de vous envoier un memoire succint des principales raisons que l'on a de s'opposer aux desseins dudit sieur comte de Gramont (1) je supplie très humblement V. E. d'agreer

---

(1) Ce mémoire (fº 46 du volume kk 1212) est intitulé : *Raisons de l'union de la justice de la ville de Dax avec celle de la Prévosté.* On y rappelle que de temps immémorial la justice de la ville de Dax et celle de la Prévosté qui consiste en trente paroisses voisines ont été unies. On y dit que M. le comte de Gramont est en mauvaise intelligence avec M. de Poyanne, sénéchal du pays

que le sieur Cartier aye l'honneur de l'en entretenir et d'apporter tout ce qui dependra de vostre pouvoir et autorité pour maintenir les choses dans l'ordre ancien, vous asseurant que je ne voudrois pas vous en parler si le bien du service du Roy ne m'y engageoit. Je m'ose promettre cette grace de V. E. que je supplie tres humblement me vouloir continuer l'honneur de ses bonnes graces et de me tenir toujours, Monsieur,

pour vostre tres humble et tres fidelle serviteur

Le duc d'Espernon (1)

A Agen ce 2 décembre 1643.

---

et gouverneur de la place. On ajoute qu'un Arrêt du Conseil porte expressément que la Prévosté demeurera annexée à la ville comme elle a toujours été sans en pouvoir être démembrée en tout ni en partie comme étant nécessaire pour la conservation de la ville et du pays. Je constate que les Poyanne et les Gramont ne furent jamais bien ensemble. Déjà, en 1610, il était survenu, disent les *Mémoires* de Caumont-la-Force (tome II, p. 12) « quelques différents « entre messieurs de Grammont et de Poyanne, pour quelques paroles qu'ils « si étoient dites, et au sujet desquelles de mauvais esprits avoient trouvé oc- « casion de les brouiller. » Le 22 juillet 1610, le roi Louis XIII chargea M. de la Force d'accommoder ces différends, mais ce dernier n'en put venir à bout.

(1) Voir dans le tome II des *Archives historiques du département de la Gironde*, page 13, et dans le tome III, pages 91, 93, 96, 97, 404, diverses lettres du duc d'Epernon au cardinal Mazarin relatives à la révolte des habitants de Dax en 1644. — J'avais, dès 1864, transcrit aux Archives d'autres documents pour les publier avec ceux que je donne présentement, mais j'ai été devancé par M. le dr A. Vielle qui a reproduit, dans la *Revue d'Aquitaine* de décembre 1867 (article intitulé : *Episode de l'histoire de Dax au* XVIIe *siècle*) : 1° Un mémoire rédigé, pour le duc d'Epernon, par le marquis de Poyanne et son fils sur le véritable état des choses à Dax ; 2° Un mémoire justificatif des habitants de cette ville, daté du 23 février 1645.

XXIV

Lettre du duc d'Epernon au chancelier Séguier.

(Bibliothèque nationale. Fonds français, vol. 17375, f° 53).

Monsieur,

Je vous escris ceste lettre sur l'advis que jay eu que Mrs les commissaires qui ont procedé à la vente du domaine il y a environ deux ans avoient receu les habitans de la Prevosté de Dax à l'enchère qu'ils avoient faicte de la justice de la dicte Prévosté nonobstant la surenchère de M. le comte de Gramont et que par leur ordonnance confirmée par arrest du Conseil il est expressément porté que cesté Prévosté demeurera tousjours annexée à la ville comme elle l'a tousjours esté sans en pouvoir estre desmembrée en tout ny en partie. Au préjudice de quoy on m'a asseuré que ledit sieur comte de Gramont et autres s'efforçoient de faire renverser ceste ordonnance et l'arrest donné sur icelle, ce qui m'oblige, monsieur, de vous représenter que le Roy y recevroit un notable préjudice, et d'autant que ceste ville de Dax qui est frontière n'est gardée que par les habitans de la ville et de la Prévosté conjoinctement ses derniers estant mesmes obligez en temps de guerre de fournir à leurs despens mil hommes pour la garde au seul commandement du gouverneur. Auquel ils n'obéiront pas avec semblable affection ny promtitude s'ils estoient entre les mains dudit sieur de Gramont ou d'un autres et cela mesme pourroit causer quelque mesintellignce entre eux plus grande que celle qui y est de long temps qui seroit grandement préjudiciable au bien du service du Roy et pourroit arriver en un temps qui metteroit la place au hasard, d'ailleurs que ce seroit faire tort au sieur de Poyanne qui en est gouverneur et Sénéchal du pays, et qui a tousjours bien servy de luy retrancher ou diminuer l'autorité qu'il a dans ladite Prevosté. Outre cela le Roy se trouveroit chargé de l'entretien d'une garnison d'autant que les habitans de la Prevosté n'estant plus tout a fait dans la dépendance du gouverneur il n'auroit pas tant de confiance en eux, ce qu'ayant esté considéré par les précédens Roys d'heureuse mémoire, ils leur auroient accordé par privilège spécial que la Prévosté ne pourroit estre séparée de la ville par quelque cause que ce fust, estant mesmes à remarquer que nonobstant ces privilèges lesdits sieurs commissaires tirèrent d'eux dix mil cinq cens livres dont ils ne devoient aucune chose. Ces considérations, Monsieur, joint à l'ordonnance qui a esté confirmée par arrest, me fait esperer que vous ne souffrirez pas que le service du Roy reçoive cette diminution en ce rencontre que de voir desunir deux choses dont l'union a esté de tout temps jugée si nécessaire et pour un interest si leger, m'ayant esté asseuré qu'il n'alloit qu'à trois mil tant de livres. C'est dont je vous supplie très humblement et que m'honorant de vos bonnes graces vous me croiez tousjours.

Monsieur, vostre serviteur très humble,
Le Duc D'Espernon.

A Agen, le 2 décembre 1643.

XXV

Lettre de M. Poyanne au duc d'Epernon.

(Archives nationales, registre KK 1218, f° 355.)

A Navarrens ce premier juillet 1650.

Monseigneur

En l'absence de mon frère j'ai creu estre obligé de vous donner advis comme j'ai esté adverti que le baron d'Orte avoit dessein sur la ville et chasteau d'Acqs par l'intelligence qu'il a avec Compagne advocat du Roy de d'Acqs (1). Je vous envoie, Mon-

---

(1) Est-ce là, comme il le semble bien, ce Bertrand de Compaigne, premier advocat du roy en la sénéchaussée des Lannes et présidial d'Acqs, qui publia, outre les *Chroniques de la ville et diocèse d'Acqs*, déjà citées, le *Diptyque ou catalogue des évêques d'Acqs* (Orthez, 1661, in-8°), les *Chroniques de la ville et diocèse de Bayonne* (Pau, 1663, in-4°), et aussi : *Questions canoniques concernant les gradués, résignations et dispenses, décidées*, etc. (Lyon, 1658, petit in-8°)?

seigneur, la copie de la lettre qui a été escritte de Castetja par celui a qui le baron d'Orte s'est découvert. Ce personnage ne peut faire que des actions de trahision ; il y a desjà longtemps qu'il commença par vous, ce qui me fait croire, Monseigneur, que vous ne le trouverès pas estrange. Si vous le jugez à propos, Monseigneur, je croi qu'il seroit nécessaire d'envoier un ordre à Mr de Toulonjon afin de se saisir de sa personne et du nommé Compagne en cas qu'il se retirast dans son gouvernement et à moi un autre et je vous suplie très humblement que l'ordre soit exprès et je vous asseure, Monseigneur, qu'il sera exécuté. J'attendrai avec impatience vos ordres afin de vous tesmoigner tousjours que je suis parfaitement, Monseigneur, vostre très humble très obéissant et très affectionné serviteur

De Poianne.

XXVI

Lettre du Maire, des jurats et des habitants de Dax au cardinal Mazarin.

(Archives nationales, registre KK 1218, f° 446.)

Monseigneur,

Nous sommes obligés d'informer Vostre Eminence des diligeances que nous avons portées pour l'exécution des ordres du Roy. Ils feurent remis par le sieur de Compaigne et en plain conseil de ville entre les mains du sieur de St-Pée lieutenant pour Sa Majesté au gouvernement de ceste place (1). Il feust prié, Monseigneur, de ne point retarder le transport des canons que Sa Majesté luy commande d'envoyer avec offre de nostre part de tout ce qui pouvoit dépendre de nous, il a esté encore exhorté à cella par des députés comme Vostre Eminence pourra voir plus particulièrement par l'extraict des registres de la cour présidialle

---

(1) Nous allons retrouver, cent ans plus tard, un descendant de ce St-Pée dans le dernier des documents réunis ici.

de ceste ville. Nous n'avons pas vouleu perdre ceste occasion, Monseigneur, pour donner advis à Vostre Eminence de ce qui se passoit, et asseurance que nous contribuerons toujours des soings que nous devons aux ordres de Sa Majesté, et à la passion que nous avons de paroistre,

Dax ce XII Aoust 1650.

Monseigneur, vos très humbles très obeissans et très fidelles serviteurs

Les Maire, soubz maire, juratz, scindicq et habitans de la ville de Dax.

Par mandement de mesdictz sieurs

DES PERRIERS, *greffier.*

Monseigneur, nous avons faict arrester les batteaux nécessaires pour le transport des canons, nous en attendons la délivrance.

XXVII

Lettre de M. de Poyanne au duc de Candalle.

(Bibliothèque nationale, Fonds français, volume 30429, f⁰ 301.)

Monseigneur

St-Justin et Cauna prins sur les ennemis (1) il ne leur reste plus que Tartas qui puisse incommoder ce pais et comme celuy qui y commande se trouve fut afaibly par diverses pertes qu'il a faites, M. le chevalier d'Aubeterre (2) et moy avons prié M. Dufey d'aler vers V. A. pour la suplier très humblement en cas que les affaires de Bordeaux vous retiennent encore, de vouloir donner quelque

---

(1) Sur la prise de St-Justin par le chevalier d'Aubeterre (15 juin 1653) et du château de Cauna (quelques jours après) par le même capitaine, voir *l'Histoire de la Gascogne* de l'abbé Moulezun, *Supplément,* p. 507.

(2) Le chevalier d'Aubeterre, dont on va lire une curieuse lettre, était Léon d'Esparbès de Lussan.

soulagement au pauvre peuple et escouter favorablement les propositions qu'il aura l'honneur de vous faire de nostre part, et comme elles sont entièrement raisonables, je veux croire que V. A. les recepvra et donnera par ce moyen la vie à plusieurs personnes qui n'en peuvent plus. C'est de quoy je vous suplie avec tout le respect dont je suis capable et de vouloir agréer ceux de cette ville qui vous seront rendus par leur sindic. Cependant j'asseureray V. A. par ces lignes qu'il n'y a personne au monde qui soit avec tant de passion que moy

Monseigneur

Vostre très humble et très obéissant serviteur,

HENRY DE POYANNE (1).

A Dax ce 6 juillet 1653.

XXVIII

Lettre du chevalier d'Aubeterre au Duc de Candalle (2).

(Bibliothèque nationale, vol. 20479, f° 313.)

Monseigneur,

Je (3) tous les desp esirs imaginables que la personne de Baltasar et une partie de sa cavallerie me soit eschapée au moings

---

(1) Dans une autre lettre du 1ᵉʳ avril 1653 (*Ibid.*, f° 345), M. de Poyanne se plaint au duc de Candalle de l'ordre qu'il a donné au chevalier d'Aubeterre « d'esloigner les troupes qui sont en ces quartiers et d'y laisser seules celles de Balthazar jusques à ce qu'il soit payé de ce qui luy a esté promis pour quitter son party. » Poyanne fait observer combien il serait fâcheux qu'un étranger restât seul « avec des troupes dans une ville fortifiée sans qu'il y aye rien qui s'oppose à ses desseins ».

(2) Ce document mériterait de figurer parmi les pièces justificatives d'une définitive édition de cette *Histoire de la guerre de Guyenne*, par le COLONEL BALTAZAR, où le chevalier d'Aubeterre est si souvent nommé. En attendant cette édition, où seraient utilisés les nombreux documents insérés dans les *Archives historiques du département de la Gironde*, dans la *Revue de Gascogne*, dans l'*Armorial des Landes*, de M. le baron de Cauna, etc., on peut consulter les deux éditions de M. C. Moreau (Bibliothèque elzévirienne, 1858) et de M. Charles Barry (Bordeaux, Lefebvre, 1876).

(3) *Sic* pour *jay*.

que je ne l'aye pas reconduit jusques au portes de Bordeaux mais j'espere de la bonté et de la justice de Vostre Altesse qu'elle ne m'acusera pas de negligence dans ce rencontre puisque la nuit qu'il est parti j'avois envoyé à la guerre pour prendre ou assommer les faucheurs qui travailloent aux prés de Tartas n'ayant aucune mefiance qu'il deust san aler. Mʳ de Toulonjon ayant pris une letre de Baltasar qui escrivoit en Espagne que si on ne luy donnoit secours dans trois semaines et huit jours — c'estoit les mesmes termes — qu'il prendroit son parti comme il aviseroit bon estre. Vostre Altesse sçait la cituation de Tartas et qu'il y a une rivière qui passe au milieu tellement que lorsque j'estois posté d'un costé n'estant pas assez fort pour faire deux cartiers à cause des convois qu'il faut pour le pain, pour les fourrages, la cavallerie eust esté bientost à bout si j'en heusse usé autrement. Cela estant et les ennemis alant souvent à la guerre comme il fesoient, je ne peux m'en douter et ne fus esclerci assurement de sa marche que dix heures après. Il reste encor aux ennemis cent ou six vingt chevos dans Tartas et Roquefort. Je repçeu les lettres que Vostre Altesse me fait l'honneur de m'escrire par Mʳ du Fay. Je ne saurois asses dignement la remercier des bontés et des graces que je reçois d'elle, particulièrement de ce qu'elle a escrit en ma faveur à Monseigneur le Cardinal. Elle peut s'assurer que quoy qu'il en arrive, elle trouvera en moy une personne assurée et qui ne luy manquera jamais. Elle me donne des preuves si oblijantes de son amitié que je serois le dernier des hommes si je ne metois toute ma vie le tout pour le tout pour son service; puisque Vostre Altesse desire que M. de Poyane aye sa part du commendement au siège de Tartas j'obéis aveuglement et je la supplie très humblement après ce siège de considérer que je tiens le commendement que j'ay de sa main et que lorsqu'elle jugera que je devray partager l'honneur qu'elle me fait que j'aille plustost auprès d'elle servir de ce qui luy plaira, ce n'est pas que lorsqu'elle le desirera autrement je ne sois entièrement soubmis à ses volontés. J'atands Monsieur de Pensens qui me porte les ordres de Vostre Altesse que j'executeray de mon mieux. Je luy rendray conte par luy du veritable estat de toutes choses. Cependant, Monseigneur, soyez persuadé que personne ne peut vous honorer avec plus d'inclination ni de respec que moy qui suis très parfectement

Monseigneur de Vostre Altesse,

Le très humble et très obéissant et très obligé serviteur,

Le Chevalier d'Aubeterre.

A Dax ce 15 juillet 1653.

XXIX

Lettre du comte de Saint Florentin, secrétaire d'État au maréchal de Noailles.

(Bibliothèque du Louvre. Collection Noailles, F. 325 2ᵉ série, vol. 15 f° 65).

A Compiègne le 30 juillet 1751.

Aussy tost, Monsieur, que j'ay eu avis de l'arrest rendu au Parlement de Bordeaux en faveur du sieur de St Pée (1) contre la ville d'Ax, j'en ay conferé avec M. le chancellier; il vient d'écrire au Procureur general de ce Parlement de luy envoyer copie de

---

(1) Dans une lettre datée du 1ᵉʳ juin 1751, M. de Saint-Florentin disait au Maréchal de Noailles (f° 64 du même volume) : « L'inquiétude, Monsieur, que la ville de Dax vous a marquée sur les démarches du sieur de St-Pée lieutenant de Roy n'est pas sans quelque fondement. J'ay vu par un mémoire imprimé du sieur de St-Pée, dont il m'a envoyé luy même un exemplaire, que sous prétexte de certaines contestations portées au Parlement de Bordeaux, il y agite celles qui ont été jugées au Conseil. J'ay envoyé copie de la décision a M. le Premier Président dès le 21 du mois dernier pour en faire part a sa compagnie, et qu'elle soit instruite qu'elle ne peut ny ne doit prendre connoissance de ce qui peut concerner le placet presenté au Roy contre le sieur de St-Pée par les habitants de Dax, sur lequel S. M. a donné sa décision ».

l'arrest avec les motifs, et d'en faire suspendre l'execution; lorsque le Procureur general y aura satisfait, je raporteray cette affaire au Conseil.

J'ay l'honneur d'être avec un tres parfait attachement, Monsieur, votre tres humble et tres obeissant serviteur.

St Florentin (1).

---

(1) Les archives départementales de la Gironde renferment de nombreuses pièces relatives à la ville de Dax, et notamment plusieurs lettres adressées aux intendants de la province de Guyenne par les subdélégués de Dax, (les sous-préfets d'alors). J'indiquerai d'une manière spéciale des plaintes formulées par le dernier évêque de Dax (le bordelais Charles-Auguste Lequien de la Neufville) à l'occasion de l'établissement du cimetière des Juifs portugais (série C. n° 101). Voir encore (même série n° 118) des détails sur une grêle extraordinaire tombée à Dax en 1781.

APPENDICE

Je donne ici une notice sur Dax rédigée dans la seconde moitié du xvıe siècle, par un archéologue gascon dont François de Belleforest parle ainsi (1) : « Or, pour preuve de l'antiquité de cette ville, j'ay « recouvert avec quelques autres mémoires du sieur « André de la Serre, natif dudit lieu de Dax, et lieute- « nant particulier de Bayonne, homme sans mentir de « gentil esprit et de bonnes lettres, quelque inscription « trouvée en la grande église de cette cité... » La notice d'André de La Serre parut sans doute bien précieuse aux doctes collectionneurs du xviie siècle, car on la retrouve à la Bibliothèque nationale, parmi les manuscrits de Duchesne (vol. 70), de Dupuy (vol. 219-220), de Gaignières (vol. 644). Quoique l'on soit plus exigeant aujourd'hui, j'aime à croire qu'on ne lira pas sans intérêt ces pages où revit la fidèle image de la ville de Dax d'il y a plus de trois cents ans.

---

(1) *Cosmographie de Munster,* traduite, revue, corrigée et augmentée, 1575, in-f°, seconde partie, p. 384.

DE LA VILLE D'ACQS EN GASCOIGNE
ET DES CHOSES SINGULIÈRES ET REMARQUABLES EN ICELLE
ET ÈS LIEUX CIRCONVOISINS

(Bibliothèque nationale. — Collection Duchesne, vol. 70, f° 332.)

La ville d'Acqs et Aquitaine portent un mesme nom, dont faut croire que ceste ville a donné le nom à Aquitaine, ou bien que la ville comme très ancienne a prins ce nom comme premiere d'Aquitaine. Ce qui se peut confirmer par l'opinion de Ptolémée, qui appelle ceste ville *Aquæ Augustæ* (1). L'Aquitaine selon l'opinion de tous les doctes est appellée *Aquitania ab aquis*.

Un autheur fort ancien, du nom duquel ne me souvient, et qui toutesfois est en la bibliothèque d'un gentilhome, chanoine de la dite ville, (nommé Mr de Poylloault sieur d'Ardie) dit ces paroles : *Dicta est Aquitania ab illa urbe antiquissima, quæ olim dicebatur Daques.*

Le plan ou forme de la dite ville est presque quadrangulaire, toutesfois un peu plus longue, bien bastie de petites pierres quarrées, et ceintures de brique interposées à l'antique.

Anciennement la dite ville avait quatre portes, encloses chacune entre deux tours fortes, et à présent n'y en a que trois, à sçavoir : la porte de Nostre-Dame, dite de la Bonne-Dame ; la porte S. Pierre et la porte S. Vincent, laquelle seule est restante des quatre anciennes, et les autres deux ont esté ouvertes depuis

---

(1) Ptolémée donne *Aquæ Augustæ* pour ville aux Tarbelli (page 253 de l'*Annuaire de la Société des Antiquaires de France*, 1848. Édition et traduction de M. Léon RENIER). On croit que les *Tarbelli* occupaient tout le territoire qui borde le fond du Golfe de Gascogne (départements des Landes et des Basses-Pyrénées).

en autres endroits de la muraille, et les anciennes fermées et condamnées pour plus grande defense de la dite ville.

A chacun coin de la muraille de la dite ville y avoit une grosse tour forte, et entre les deux y en avoit huit ou neuf moyennes et de grand défense qui flanquent la muraille bien forte, et grandz fossez tout à l'entour, plains d'eau, de sorte que la dite ville est imprenable (1).

Ceste ville est une des clefs du royaume de France, pour estre ville de frontière sur les limites d'Espagne.

Il n'y a trois choses belles et singulières en ceste ville, qui ne se trouvent à peine ensemble en ville de l'Europe.

La première, est l'église épiscopale appellée la grand église Nostre-Dame. Ceste église est bastie en lanterne fort belle, grande et haute, et richement vitrée, et ornée de riches habits et autres vestements et joyaux d'église (2).

La seconde chose est la ceinture de la muraille de la dite ville, qui est aussi belle, forte et bien flanquée qu'autre qu'on trouve (3).

---

(1) Rappelons que dans les armoiries de la ville de Dax figure, sur champ d'azur, une tour crénelée d'argent, avec cette devise : *Regia semper*.

(2) Cette église s'écroula sous l'épiscopat de Jacques Desclaux (en janvier 1646). Je regrette de ne pas connaître la *Notice historique et archéologique sur Notre-Dame de Dax* publié en 1849, par M. l'abbé J.-F. PÉDEGER, chanoine honoraire, ancien directeur du grand séminaire de Dax, notice qui manque aux collections de la Bibliothèque Nationale. Cet établissement possède, en revanche, une brochure publiée postérieurement par M. Auguste Dompnier, alors avocat et premier adjoint de la ville de Dax : *Saint Vincent de Sentes, patron de Dax, et sa cathédrale. Etude historique et archéologique* (Dax, 1855, in-8º de 93 pages).

(3) Voir : *Note sur les murs gallo-romains à Dax* (Paris, 1857, in-8º). Voir surtout le plus récent et le meilleur des travaux dont les remparts de Dax ont été l'objet, le Mémoire de M. Raymond Pottier, inséré d'abord dans le *Bulletin monumental* (1879, p. 481) et ensuite dans le *Bulletin de la Société Borda* (1881, p. 141). Je citerai ici une lettre du roi d'Angleterre au sénéchal d'Aquitaine (Manuscrits Bréquigny, tome XV, p. 204), par laquelle, le 7 juin 1289, est confirmé le don fait par les lieutenants du Roi en Gascogne, à Garsie Arnaud de Le Luke, citoyen de Dax, et à ses héritiers, d'une maison qui appartenait autrefois à Vital de Merlet, et d'une ancienne tour avec ses appartenances, située dans le mur de la dite ville, le tout moyennant une redevance annuelle de deux deniers, monnaie de Morlàas.

La troisième, sont les bains qui sont dans la dite ville, lesquels sont si beaux, salubres, et de grand vertu, que tous ceux de la ville et d'alentour et plusieurs autres d'assez loin pays viennent fréquenter les dits bains pour boire de l'eau, et se baigner dedans, estant l'eau fort belle, claire, et bonne à boire, sans aucun mauvais goust; ains, au contraire, aussi douce et meilleure que nulle eau de fontaine, tant à boire seule que à mettre dans le vin. comme on fait communément, estant toutesfois refroidie (ceste eau guérit des goutes, rhumes, caterres, et plusieurs autres maladies), car autrement elle est en sa source, qui est grande et ample, aussi chaude ou plus que la plus bouillante eau qui soit dessus le feu, et si extrèmement chaude, que si aucune beste est mise dedans, elle est incontinent morte et cuite. L'on y fait cuire des eufs pour chose asseurée, et plumer la poulaille, couchons, pourceaux et autres animaux. Toutefois, plusieurs dudit lieu disent avoir esprouvé que si une poule a este acheptée qu'elle s'y plumera facilement, mais non point si elle a esté desrobée. Le roy Charles IX, à présent régnant, y ayant fait son entrée en l'an 1567, magnifique, et admirable selon les facultez du pays, fist faire l'espreuve esdits bains des choses susdites (1).

Le bastiment et autres commoditez desdits bains sont merveilleusement belles, estant divisez en trois bains, à sçavoir : le grand bain en sa source fort grande et abondante, qu'on void sortir à grands flotz en divers endroits, laquelle est si extrèmement profonde, qu'avec tous engins, cordes et bastons, on n'a jamais peu attaindre le fonds qui est chose esmerveillable et fort effroyable à veoir. Ceste source et grand bain est fort bien basty, de haute muraille, bien large, en quarré.

A l'un cousté de la dite source par des canaulx la dite eau bouillante passe et se rend fort tempérée dans un beau grand lieu et long basty exprès de pierre de taille, où les hommes se baignent et nagent facilement comme dans une rivière.

De l'autre cousté par semblables canaulx passe la dite eau de

---

(1) Sur Charles IX à Dax, voir le *Recueil et discours du voyage du roi Charles IX..... recueilli par* Abel JOUAN (Paris, 1566, in-8º).

la dite source dans quatre plus petits bains, bastis en quarré de pierre de taille, qui sont fort beaux et bien accommodez (1).

Près icelle y a une fontaine d'eau froide, que le sieur de Candale, lieutenant-général pour le Roy fist racoutrer.

En la dite ville y a trois églises, à sçavoir : la susdite grande église épiscopale, les Cordeliers et les Carmes.

Depuis peu de temps on a dressé et bien basty un beau collège, où la jeunesse de la dite ville et pays d'alentour est bien instruite ès bonnes lettres.

Le siège présidial de la Seneschaussée des Lannes est estably en la dite ville, où ressortissent par appel entr'autres les villes de St-Sever, Bayonne et Mauléon de Soule, et y a aussy une prévosté fort belle.

En la dite ville y a un chasteau Royal bien fort et de grande défense, bien muny de grosses pièces d'artillerie, et toutes autres sortes de munitions de guerre, pour la garde duquel et de la dite ville y a tousiours force soldats et mortes payes; et à présent en est capitaine et gouverneur Monsieur de St-Esteven, gentilhomme de maison ancienne du pays de Basque (2).

---

(1) Il serait trop long de citer toutes les notices qui ont été consacrées aux sources de Dax. Parmi les notices anciennes, je mentionnerai seulement ici, comme bien oubliée, une *Relation de la fontaine bouillante de Dax* lue à l'Académie de Bordeaux, au mois de janvier 1745, par M. de Secondat, fils de l'illustre Montesquieu, et analysée dans le *Journal de Trévoux* de septembre 1747, p. 1826 et suivantes. Une nouvelle édition en fut donnée dans un volume que M. de Secondat intitula : *Observations de physique et d'histoire naturelle sur les eaux minérales de Dax, de Bagnères et de Barèges* (Paris, 1750, in-12). Parmi les travaux récents, citons les *Considérations sur les sources thermo-minérales de Dax*, par M. H. Serres (*Bulletin de la Société Borda*, 1re année 1876, p. 17-441, et la *Note bibliographique relative aux eaux thermales de Dax*, par le même, 1877, p. 219-226).

(2) Parmi les autres capitaines et gouverneurs de la ville de Dax, je nommerai Jehan de Rostaing (1488), François de Haubourdin (1526), mentionnés dans le volume 644 de la collection Gaignières, François Darricault dit de Fressilon (1544), Salvador Daguerre (1548), mentionnés dans le volume 215 des *Mélanges*, de Clairambault ; Momas, Ynart et de Belsunce, mentionnés dans les documents qui précèdent. A St-Esteven succéda Bertrand de Baylens, seigneur et baron de Poyanne, sénéchal des Landes, nommé chevalier de l'ordre du Saint-Esprit, le 3 janvier 1599. Il fut remplacé par son fils Bernard de Baylens, seigneur et baron de Poyanne, lieutenant-général au pays de Béarn, gouverneur

La dite ville est en tout temps fort bien régie et policée par maire et jurats, dont à présent est maire royal, le capitaine Borda, capitaine d'une vieille bande de gens de pied (1).

Mais fort anciennement cette ville estoit gouvernée et la justice administrée par XII gentilshommes de ce pays-là, et ce avant la réduction de Guienne et, à cause de ce, elle s'appelloit la Cité des Nobles, devant lesquels venoient par appel toutes les villes des environs jusques aux Monts-Pirénées, et chascun des dits gentilshommes avoit sa tour en la dite ville portant le nom de sa famille, et se garde encore cela au vicomté de Soule, pays de Basque, limitrophe d'Espagne, où autant de gentilshommes y gouvernent, et ressortissent par appel les causes de là en la dite ville.

L'ancienneté de la dite ville se prouve tant par ce dessus, que aussi par quelques inscriptions antiques entre lesquelles y en a une en la dite grande église sur des pierres de sepulcres anciens, rompues, dispersées, contenant ces vers latins :

> *Urbis magnificæ Pætus Proconsul Aquensis*
> *Moribus et sensu maturus obiit tener annis* (2).

---

de Navarrens, nommé chevalier de l'ordre du Saint-Esprit, le 14 mai 1633. Celui-là aussi fut remplacé par son fils, Henry de Baylens, marquis de Poyanne, sénéchal des Landes, gouverneur de Navarrens, lieutenant-général en la province de Béarn, nommé chevalier du Saint-Esprit, le 31 décembre 1661. Celui-là encore fut, en l'année 1667, remplacé par son fils, Antoine de Baylens, marquis de Poyanne, sénéchal des Landes et gouverneur de Navarrens. La *Chronique* d'Enguerran de Monstrelet (édition de M. Douët-d'Arcq, tome VI, 1862, p. 55), nous apprend qu'en 1442, lors de la prise de Dax par Charles VII, le seigneur de Montferrant était capitaine de cette ville pour le roi d'Angleterre (p. 56), qu'il fut remplacé par le capitaine Renauld Guillaume le Bourguignon, lequel ne tarda pas à être fait prisonnier par les Anglais rentrés dans la ville. Comme le montre la présente note, la liste des gouverneurs de la ville de Dax donnée par Bertrand Compaigne (p. 30 de sa *Chronique de la ville et diocèse d'Acqz*) est loin d'être complète, surtout pour les premières années. (Voir sur les Poyanne les remarquables études, non encore achevées, publiées par M. l'abbé de Carsalade du Pont dans la *Revue de Gascogne*).

(1) Sur ce capitaine Borda et sur la famille de ce nom, qui a tant contribué à l'illustration de la ville de Dax, je renverrai mon lecteur à un excellent travail de M. le baron de Cauna (*Armorial des Landes*, t. I. 1863, p. 118-143).

(2) On a beaucoup déraisonné au sujet de cette inscription. Voir les citations de la note I de la p. 232 du t. II du *Bulletin* d'Auch.

Plus l'ancienneté se cognoist par un grand et ancien édifice près la dite ville, appelé Peyre-Longue, c'est à dire en vulgaire Pierre-Longue (1). Et d'autant que près de là y a un lieu appelé les Cassietz, l'on estime que Pierre-Longue près des Cassietz est la pierre sepulcre de Lucius Cassius Longinus Propréteur d'Espagne, qui n'est pas trop loin de là, ou peut estre que quelqu'un de sa famille y fut mis en sepulture, d'autant que César dit que Lucius mourut en Espagne. Depuis peu d'années le dit sepulcre et édifice a esté porté par terre et sapé, de crainte que ce fust un fort pour les ennemis.

De toute ancienneté aussi la dite Peyre-Longue demye lieue y a un fort beau et grand chasteau, basty sur une montagne, entouré de fossez et bois de haute fustaye, appartenant à l'evesque de la dite ville, où y a beau pays de chasse, et force sources d'eau froide et chaude, et près du dit lieu y a une fontaine d'eau sallée.

A présent messire François de Noailles, conseiller du conseil privé du Roy, gentilhomme de noble et ancienne maison, ayant de tout temps pratiqué en ambassades toutes les estranges voisines nations, et fait plusieurs services à nos Roys, comme fait encore à présent, est évesque de la dite ville et seigneur du dit lieu et chasteau (2), qui est appelé S. Pantaléon, ou S. Pandelon, où il y a une fontaine d'eau salée (3).

A cousté, vers l'Occident, et bien près de la dite ville, est le temple et le sépulcre de messire S. Vincent de Xaintes, et son corps y repose encore en un magnifique tombeau haut eslevé sur piliers dans la dite église, qui fut dressé en son honneur pour y avoir receu la couronne de martyr, estant evesque de cette ville,

---

(1) Voir sur le menhir de Peyre-Longue et sur les traditions qui s'y rattachent, l'ouvrage déjà cité de M. Dompnier de Sauviac, fascicule 1, p. 19.

(2) Me sera-t-il permis de rappeler qu'il y a beaucoup de renseignements sur la ville de Dax dans les *Lettres inédites de François de Noailles* ? Voir notamment aux pages 22, 31, 32, 33, 34, 35, 36, 38, 39, 55, 56, 57, 58 du tirage à part (Auch, 1865).

(3) Voir ci-dessus, dans une lettre du 22 février 1556, un grand éloge de la beauté du lieu appelé Saint-Pandelon.

après l'avoir convertie à la foy catholique. Le lieu est appelé le Puy de Xaintes, près lequel il y a un beau couvent de religieuses de Sainte-Claire.

De l'autre cousté, vers Septentrion de la rivière, à un quart de lieue de la ville, y a une autre fort belle antiquité, à sçavoir : un antre dans lequel y a trois sépulcres ou tombeaux, lesquels au plain de la lune se trouvent tousjours remplis d'eau, et au decours de la lune se tarissent d'eux mesmes (1), et est chose qu'on void encore aujourd'huy à l'œil, et ce au lieu appellé S. Paul sur un mont, où il y a une belle et ancienne église et belle paroisse. L'on estime ou que c'estoit anciennement l'antre des divinations, ou les sépulcres de trois grands personnages.

La rivière qui passe près la ville joignant la muraille la Dou (ou l'Adour) venant par Bigorre des Monts Pyrénées, et rendant dans la mer Océane à Capbreton, de là Bayonne (2), est fort belle et grande rivière portant grands bateaux à rame ; d'où viennent force provisions de bleds, vins, bois, fruits et autres biens. Il y a dans la dite rivière grande quantité de bon et excellent poisson, de sorte qu'il est en la dite ville à grand marché. Ptolémée, géographe, appelle la dite rivière de l'Adour, Atyrus,

Dessus la dite rivière a esté basty fort anciennement un grand et fort beau pont de pierre a grands arceaulx et fort hauts, avec un pont levis au milieu, et sur le dit pont y a deux fortes et belles tours habitables et de desfense, dont l'une est depuis quelque temps abattue. Le dit pont va respondre de dedans le dit lieu S. Paul à la porte Nostre-Dame. Plusieurs pensent que c'est le pont appelé par les Romains de Montrepoli.

---

(1) André Duchesne (*Les antiquités et recherches des villes, chasteaux et places plus remarquables de France*, 1668, t. 2, p. 221), dit à ce sujet : « Chose assez « rare et remarquable, s'il ne s'en voyoit un pareil et haut élevé dans la ville « de Bourdeaux. » Conférez Belleforest, *Cosmographie*, 2ᵉ partie, p. 381.

(2) Pour l'ancienne embouchure de l'Adour à Capbreton, voir l'*Étude sur la création d'un port à Capbreton*, par M. l'abbé Puyol (1862), et aussi *Louis de Foix et la tour de Cordouan. Supplément*. (Dans la *Revue de Gascogne* de novembre 1868, p. 484 et suivantes.) Voy. aussi *Revue des Basses-Pyrénées et des Landes*, partie historique, 1883, p. 446 et suiv.

Au milieu de la dite ville est dressée une haute tour de grands pilliers de bois, qui est renouvellée et redressée tous les ans, pour y faire un combat le jour et feste de S. Jean-Baptiste, qui dure toute l'après disnée, fort beau et plaisant à voir, et ce par les confraires du S. Esprit : Estans deux ou trois sur la dite tour appellée par eux le chasteau d'Amours, et dix-huit ou vingt hommes dans un grand bateau se promenant sur l'eau, acompagnés de force trompettes, clairons et haut-boys, s'entrebatans de gros pots de terre ou boules de terre fort espesses faites exprès, auquel esbat on adjouste force fusées et canonnades à foison, et est le combat bien dangereux et fort à soustenir. Ceux d'en haut sont armez de corps et cuirasses, heaume et bouclier à la main, et ceux d'en bas se couvrent de gros escus qu'ils appellent pavoys.

Il y a ès environs de la dite ville force mines d'argent, de fer et de soufre, et autres métaux (1), mesmes on dit que les bains de la dite ville passants près le temple S. Vincent de Xaintes au lieu appellé Poybaignou et Poy de Xaintes, auquel lieu y a aussi une forme de bains antiques, et plusieurs petites sources d'eaux chaudes, et passant ainsi par ces mines d'argent, cela cause que les dites eaux tant dedans la ville et dehors n'ont aucun mauvais goust.

Il y a à deux lieues de la ville ès lieux nommez Basteves et Gaujac une fort bonne mine de bitume au comte de Cramailh.

A une lieue de la dite ville, au lieu appelé Tersis (2), y a deux fort excellentes fontaines d'eau chaude, dont on a fait deux beaux bains, qui sont de merveilleuse et grande vertu pour guérir de plusieurs maladies, bien fréquentez de plusieurs personnes qui en usent avec heureux succès.

En ce lieu de Tersiis est né un géant ou enfant monstrueux,

---

(1) Voir aux archives départementales de la Gironde un document de l'année 1778, relatif à des mines de charbon de terre près de Dax. (Série C. n° 99).

(2) Dompnier de Sauviac (Fascicule I, p. 16), rappelle que Terciis a été considéré comme une des plus riches stations préhistoriques du département des Landes. Il cite, à cet égard, une brochure de M. Raymond Pottier : *Recherches d'archéologie préhistorique dans l'arrondissement de Dax.*

encore vivant en l'an 1568, grand et fort comme un homme, ayant les parties honteuses couvertes de poil, fort gros de tous membres, et la voix grosse plus qu'un homme de xxv ans, qui souslevoit et tenoit seul sur ses eppaules deux boysseaux de bled en l'age de 30 mois. La feüe Reyne de Navarre le faysoit nourrir pour estre monstrueux.

En un autre endroit, en la baronnie d'Auierat, appartenant au roy de Navarre, lieu appellé Préchac (1), y a d'autres bains fort excellens, et plus que les précédens, estans fort fréquentez tant par ceux des environs, que de personnes de lointain pays : guérissent les dits bains de toutes paralysies, perclusions de membres, intempératures causées du cerveau et plusieurs autres maladies.

Il y a encore à trois lieues de la dite ville une autre chose miraculeuse à voir, c'est une isle mobile et flotante au lieu appellé Orcs. Et est la dite isle sur une eau fort dangereuse et profonde, allant decy et delà selon que le vent la porte, remplie d'arbres, et de beau pasturage pour le bestail, qui y va en grand troupe souvent paistre, tant que la dite isle vient à bord, car autrement ne seroit possible d'en sortir. La dite isle est fructueuse, belle et de grande estendue.

Tout ce pays d'Axois bien qu'il soit assez stérile, pour estre de quelques endroits environné de landes, toutesfois il est abondant en bleds froment et principalement seigle et millet, dont la pluspart du menu peuple du pays prend sa nourriture. Il est aussi abondant en miel, cire, résine, et fin lin, et le pays orné de force forests et bois de haute fustaye.

Il y a ès environs de la dite ville abondance de toutes sortes de fruits, et entr'autres de pommes, dont on fait le citre qu'ils appellent pommade, qui est le commun breuvage des villageois, combien qu'ils ont en assez grande quantité de vins et excellens s'il y en a en toute la terre, mesme les vins blancs de Chalosse renommez

---

(1) Quelques antiquaires — à qui Dieu fasse paix ! — ont osé prétendre que Préchac avait été la capitale des *Preciani*.

partout, dont ils se sçavent gracieusement accomoder moyenant les bons jambons qu'ils abillent bien proprement, qu'on appelle en France jambons de Bayonne (1).

Par André de la Serre, advocat en la cour de Parlement de Paris, natif de la ville d'Acqs (2).

---

(1) Selon le témoignage de Strabon (liv. III, chap. IV, paragr. 11), la renommée des jambons de Bayonne était déjà bien grande de son temps. Voici ce témoignage tel que le traduit M. Amédée Tardieu : « La plupart de ces val-
« lées (des Pyrénées), sont occupées par les Cerrétans, peuple de race ibé-
« rienne, dont on recherche les excellents jambons... » M. Francisque Michel (*Le Pays Basque*, p. 184), en signalant l'hommage rendu par le grand géographe au mérite des jambons de Bayonne, a rappelé que la reine de Navarre, dans ses contes, en a parlé avec éloge. « Ce qui n'empêche pas, ajoute-t-il,
« que, dans une collation donnée à Hendaye, par Charles IX à la reine d'Es-
« pagne, on ne servit des jambons de Mayence. »

(2) Je n'ai malheureusement rien à dire sur André de la Serre, dont on ne trouve le nom dans aucun de nos recueils biographiques et bibliographiques.

TABLE DES LETTRES

I. — Les maire et jurats de Dax à du Plessis Bourré, trésorier de France. — 30 janvier 1470. 7
II. — Les officiers de Dax à Henri II. — 20 avril 1556. 9
III. — Le doyen de Puydeval à l'évêque de Dax, ambassadeur en Angleterre (*extrait*). — 22 février 1556. . . 11
IV. — Le lieutenant du sénéchal et l'avocat et procureur du roi de la ville de Dax à François II. — 2 septembre 1559 14
V. — Les mêmes au même. — 9 octobre 1560. 15
VI. — Le chanoine Cashavaly à l'évêque de Dax, en Cour. — 17 novembre 1561. 16
VII. — Les chanoines et le chapitre de Dax à l'évêque de Dax. — 14 aout 1563. 18
VIII. — Burie aux officiers de Dax. 20
IX. — Charles IX au lieutenant général de Dax. — 26 octobre 1568. 21
X. — Le capitaine La Motte Dizaut à de Montferrand, gouverneur de Bordeaux. — 11 janvier 1569. 23
XI. — Les maire et jurats de Dax à Catherine de Médicis. — 15 février 1573. 25
XII. — Les maire et jurats de Dax à Charles IX. — 21 avril 1573. 26
XIII. — Les maire et jurats de Dax à Catherine de Médicis. — 21 avril 1573. 28
XIV. — De Poyanne à Henri III. — 1 avril 1585. . . . 29
XV. — Les officiers de Dax au maréchal de Matignon. — 25 juillet 1585. 30

XVI. — De Poyanne à Henri III. — 21 septembre 1585.	31
XVII. — Le même au même. — 11 octobre 1585.	32
XVIII. — Les officiers et les habitants de Dax à Henri III. — 6 juin 1588.	34
XIX. — De Poyanne à Henri III. — 6 juin 1588.	35
XX. — L'évêque de Dax à Henri IV. — 12 janvier 1603.	36
XXI. — Les maire et jurats de Dax à Mgr de Roquelaure, chevalier des ordres du roi, maréchal de France et lieutenant pour S. M. en Guyenne. — 18 mars 1616.	39
XXII. — Du Sault, lieutenant général de Dax, à la Reine-Mère. — 29 mars 1616.	41
XXIII. — Le duc d'Epernon au cardinal Mazarin. — 2 décembre 1643.	42
XXIV. — Le duc d'Epernon au chancelier Séguier. — 2 décembre 1643.	44
XXV. — De Poyanne au duc d'Epernon. — 1 juillet 1650.	45
XXVI. — Les maire, jurats et habitants de Dax au cardinal Mazarin. — 12 août 1650.	46
XXVII. — De Poyanne au duc de Candalle. — 6 juillet 1653.	47
XXVIII. — Le chevalier d'Aubeterre au duc de Candalle. — 15 iuillet 1653.	48
XXIX. — Le comte de Saint-Florentin, secrétaire d'Etat, au maréchal de Noailles. — 30 juillet 1751	50
APPENDICE. — De la ville d'Acqs en Gascoigne et des choses singulières et remarquables en icelle et ès lieux circonvoisins, par ANDRÉ DE LA SERRE	52

ERRATUM (le 1er chiffre indique la page, le second la ligne).

Lisez : 17 ; 36 : *XVI* novembre ; — 17 ; 40 : Jeorgeays ; — 24 ; 13 : Morlanne ; — 20 ; 22 : Geofroy, prieur de Bougueyron ; — 21 ; 3 : assemblées *ni conventiculles* ; — 27 ; 7 : (quand ils feront) ; — 27 ; 15 : *tous les dessaings* ; — 38 ; 7 : XII janvier ; — 41 ; 9 : *flatans* (*et non* halanez) ; — 42 ; 18 : *m'empeschent* ; — 46 ; 1 : escritte *à* Castetja ; — 47 ; 16 : volume 20.479 ; — 47 ; 20 : fort (*et non* fut).

Imprimé à Paris par Louis Hugonis